天才俳優か!?
孤独な

神木隆之介

KAMIKI RYUNOSUKE

の守護霊インタビュー

Ryuho Okawa
大川隆法

まえがき

若手、天才俳優の一人《ひとり》と目《もく》される神木隆之介《かみきりゅうのすけ》さんの魅力の、一端《いったん》なりとも知りたいという、数多くのファンの皆様方にかわって、守護霊インタビューを試《こころ》みてみた。

私としては、子役として彼が主役を張った「妖怪大戦争《ようかいだいせんそう》」の延長上の不思議の世界が出てくるものと思っていたが、出てきた内容は、真剣に仕事と対決している、現実に近い彼の姿だった。

芸歴が二十一年もある二十三歳の彼が、「天才子役」という評判の重みに耐えつつ、二十代、そして三十代を考え続けている様子は、ロダンの「考える人」のようでもあった。
「孤独」というよりも「孤高《ここう》」ともいえる若者の、実存《じつぞん》的な姿がうかがえた。
本書が、壁を突破し、未来を拓く力となることを祈るばかりである。

二〇一七年　四月十四日

幸福《こうふく》の科学《かがく》グループ創始者兼総裁《そうししゃけんそうさい》
ニュースター・プロダクション（株）会長《かいちょう》　大川隆法《おおかわりゅうほう》

孤独な天才俳優か!?　神木隆之介の守護霊インタビュー　目次

孤《こ》独《どく》な天才俳優か!?
神《かみ》木《き》隆《りゅう》之《の》介《すけ》の守《しゅ》護《ご》霊《れい》インタビュー

二〇一七年三月二十二日　収録
東京都・幸福の科学総合本部にて

2 怖《こわ》くてしょうがない、「天才子役と言われた、そのあと」

「霊言現象《れいげんげんしょう》」とは、あの世の霊存在の言葉を語り下ろす現象のことをいう。これは高度な悟《さと》りを開いた者に特有のものであり、「霊媒現象《れいばいげんしょう》」(トランス状態になって意識を失い、霊が一方的にしゃべる現象)とは異なる。

また、人間の魂《たましい》は原則として六人のグループからなり、あの世に残っている「魂のきょうだい」の一人が守護霊《しゅごれい》を務めている。つまり、守護霊は、実は自分自身の魂の一部である。したがって、「守護霊の霊言」とは、いわば本人の潜在《せんざい》意識にアクセスしたものであり、その内容は、その人が潜在意識で考えていること(本心)と考えてよい。

なお、「霊言」は、あくまでも霊人《れいじん》の意見であり、幸福の科学グループとしての見解と矛盾《むじゅん》する内容を含《ふく》む場合がある点、付記しておきたい。

孤独《こどく》な天才俳優か!?
神木隆之介《かみきりゅうのすけ》の守護霊《しゅごれい》インタビュー

二〇一七年三月二十二日　収録

東京都・幸福の科学総合本部にて

神木隆之介《かみきりゅうのすけ》（一九九三～）

俳優。一九九五年、二歳《さい》のときにＣＭに出演。一九九九年にテレビドラマ「グッドニュース」で俳優デビューし、二〇〇五年の主演映画「妖怪大戦争《ようかいだいせんそう》」で日本アカデミー賞新人俳優賞を受賞する。その後も、映画「るろうに剣心《けんしん》 京都大火《たいか》編／伝説の最期《さいご》編」「バクマン。」等の話題作・ヒット作に多数出演。また、声優として、アニメ映画「千《せん》と千尋《ちひろ》の神隠《かみかく》し」「君の名は。」等にも出演している。

質問者　宇田《うだ》なぎさ（幸福の科学理事 兼《けん》 宗務《しゅうむ》本部第二秘書局長）

三觜智大《みつはしともひろ》（幸福の科学メディア文化事業局経営企画《きかく》室長 兼 メディア文化事業局担当部長
兼 ニュースター・プロダクション（株）取締役《とりしまりやく》）

栩坂明日美《とちさかあすみ》（幸福の科学メディア文化事業局職員）

［質問順。役職は収録時点のもの］

1　若手俳優・神木《かみき》隆之介《りゅうのすけ》の「人気の秘密」と「悩《なや》み」に迫《せま》る

「生存確率一パーセント」から二歳《さい》でデビュー

大川隆法　今日（二〇一七年三月二十二日）は、若手俳優では、今、〝絶好調〟中かもしれませんが、神木《かみき》隆之介《りゅうのすけ》さんの守護《しゅご》霊霊言《れいいれいげん》を収録したいと思います。

（神木隆之介の写真を表紙に使った雑誌等を幾《いく》つか掲《かか》げて）こういう人です。幸福の科学には映画等をあまり観《み》ていない人が多いので、神木さんを知らない方も多いかもしれません

「映画 3月のライオン ビジュアルブック」（菊池《きくち》修《おさむ》著／白泉社刊）

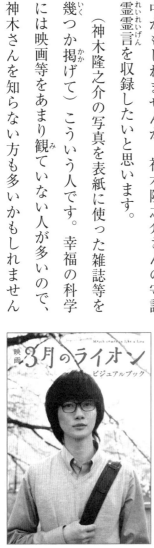

し、〝年齢《ねんれい》制限〟があるかもしれませんが、うち（大川家）の次男の真輝《まさき》さんと同じ年齢の方で、今、二十三歳《さい》です。

女装すると、すごくきれいな人です（笑）。坂本龍馬《さかもとりょうま》の役をしたときに（テレビドラマ「サムライせんせい」）、女装してメイド服を着たらすごくきれいだったので、大川紫央《しお》さん（幸福の科学総裁補佐《ほさ》）が、「わあ、きれい」と言っていましたけど。

（写真集を掲げて）こんな感じで男性が写真集を出せるのは、人気があるからでしょう。

神木さんは珍《めずら》しい感じの人ではあると思っています。二歳で早くも芸能界にデビューしたので、芸歴はもう二十一年ぐらいになり、出方は早いと言えます。

また、生まれたときに病気だったそうです。病名は明確ではないのですが、消化器系の病気か何かだったらしく、本人の言《げん》によれば、「生存確率一パーセント」と医者に言われたようなのです。

それで、お母さんが、「どうせ早く死ぬのだったら、後世《こうせい》に名前を遺《のこ》したい。何か映像を遺したい」というようなことを考え、彼を子供タレント用の事務所に入れたため、二歳で子供タレントとしてデビューしたわけです。比較《ひかく》的早いうちから活躍《かつやく》していて、小学校時代にもう主演をやっています。

彼が出たテレビ番組と映画はそうとうの数になるので、さすがに全部を観るのは私でも無理なのですが、少なくとも十本以上は観ています。

中一で「生《しょう》・老《ろう》・病《びょう》・死《し》」を感じさせる演技

大川隆法　小学校時代のもので有名なのは二〇〇五年の「妖怪《ようかい》大戦争」です。この作品で彼は主演を張っています。大物俳優がたくさん妖怪役になっているなかで、人間の子供の役を演じ、十一歳（撮影《さつえい》当時）ぐらいで主演を張っているのです。このときには、日本アカデミー賞の新人俳優賞をもらっています。

この作品には、ほかにも小学生が出ているのですが、みな、台詞《せりふ》の棒読みというか、台詞を暗記し、ただ話しているだけです。ところが、神木さんだけは、自分の言葉として話していたのです。「もうすでに一定の芸歴があった」と言えばそれまでですが、自分の言葉として話していたので、「このへんは違うなあ。うまいなあ」と思いました。

それから、中学一年（撮影当時）ぐらいだったと思いますが、十三歳ぐらいで、「Little《リトル》 DJ《ディージェー》～小さな恋《こい》の物語」（二〇〇七年公開）という映画に出ています。

「妖怪《ようかい》大戦争」
（三池崇史《みいけたかし》監督／2005年公開／松竹）

これは白血病に罹《かか》った男の子の話です。その子は白血病に罹って病院に入院するのですが、お医者さんは病名を教えてくれません。しかし、「特別な治療《ちりょう》」と称《しょう》して、「昼休みの時間に病院でＤＪをやってもよい」と言われます。

設定が一九七七年ぐらいだったので、私の大学時代にかぶるのですが、その子は、毎日、レコードを選んで、それをかけ、院長室でＤＪをするのです。

その病院には、一つ年上の女の子も入院していて、その男の子と恋仲になったりするのですが、やがて男の子は死んでしまいます。

結局、「中一の男の子が病気になり、その治療中に、ほのかな恋をするけれども、やがて死んでしまう」という話なのですが、彼女のほうは、大人になり、ラ

「Little《リトル》 ＤＪ《ディージェー》 ～小さな恋の物語」
（永田琴《ながたこと》監督／2007年公開／デスペラード）

ジオ局のディレクターか何かになったのです。

これも神木さんは中一で主演をしたのですが、「生《しょう》・老《ろう》・病《びょう》・死《し》」を感じさせる演技はなかなかうまくて、「さすがだな。なかなか、やるものだなあ」と思います。

先ほど述べた映画「妖怪大戦争」は、大人が観るものではなく、子供が観るものだと思いますが、角川《かどかわ》グループの六十周年記念の映画であり、十三億円ぐらいの製作費でつくって、興行収入を二十億円ぐらいはあげているので、「なかなか大したものだな」と思っています。

「剣士《けんし》」も「マンガ家」も声優も

大川隆法　二〇一四年には、「るろうに剣心《けんしん》」の「京都大火《たいか》編」と「伝説の最期《さいご》編」で、佐藤健《さとうたける》さんの相手役で出たあたりが有名です。神木さんはヒョロッとした感じなのですが、運動神経があれだけあることには驚《おどろ》きました。

そのあと、剣をペンに替え、映画「バクマン。」（二〇一五年公開）に出て「マンガ家」を演じました。これも佐藤健さんとの共演です。高二ぐらいのマンガ家を演じ、そこそこの評価だったと思います。

「るろ剣」の前には、二〇一二年に、映画「桐島《きりしま》、部活やめるってよ」に出ています。この映画の名前はよく聞きます。後《のち》に有名になった俳優が高校生ぐらいでたくさん出ていたので、映画として有名は有名なのですが、こ

「バクマン。」（大根仁《おおねひとし》監督／2015年公開／東宝）

「るろうに剣心《けんしん》　京都大火《たいか》編／伝説の最期《さいご》編」（大友啓史《おおともけいし》監督／2014年公開／ワーナー・ブラザース映画）

れは作品としてはB級ではないかと私は思っています。ほかの人もそうですが、「出た」ということだけぐらいで、作品自体は、それほど心には響《ひび》かなかったのです。

神木隆之介をもってしても、名作に変えられないものもある

大川隆法　それから、去年（二〇一六年）には、「太陽」という映画と、「TOO《トゥー》 YOUNG《ヤング》 TO《トゥー》 DIE《ダイ》! 若くして死ぬ」という映画の二つに出ています。

映画「太陽」のほうには、若干《じゃっかん》、「B級かなあ」という感じはあります。これは、どうも舞台《ぶたい》劇を映画化したもののようですが、原作に問題があったのではないかと思います。

「神木隆之介をもってしても、名作に変えられないものもあるのだ」ということを知り、ある意味で、ホッとしたと言えば、ホッとしました。彼でも駄目《だめ》な場

合があるというか、彼の演技自体はよいのですが、作品が駄目なためにどうしようもなくて、持ち上がりようがないのです。

この作品は未来社会を描《えが》いているのですが、そこでは何かのウイルスが流行《はや》って人口が減少し、人類は二分化しています。

ウイルスにやられて、日中、太陽の光に当たると燃え出すような体になった人たちは、〝進化している人〟たちで、高級な社会に生きているのですが、ウイルスにやられず、日中、太陽に当たっても平気な人たちは、〝田舎《いなか》の人〟という感じで、戦前のような生活をしています。

神木さん演じる主人公は、〝戦前派〟というか、劣《おと》った人たちのほうに属しているのですが、最後には、未来型人間になっている人と二人で車に乗り、旅に出ます。「昼間は、太陽の光にさらされないよう、〝未来型人間〟のほうは車のトランクに入って、主人公が運転し、夜になると、そちらが運転する」というかたちで車を走らせ、「どこか海を見に行こう」という感じで終わっていました。

何の映画かさっぱり分からず、「神木さんでも、たまには外《はず》すのだ」と思い、ホッとしたところはあります。

邦画《ほうが》の歴代興行収入の上位三作にすべて出演

大川隆法　映画「TOO YOUNG TO DIE!」では、鬼《おに》のような扮装《ふんそう》をしてギターバンドをやっている人たちと神木さんが一緒《いっしょ》に写っている写真が、よく出回っていたと思います。
この映画のなかで、主人公は天国にも少し行くのですが、天国は退屈《たいくつ》な所のように描かれています。

「TOO《トゥー》 YOUNG《ヤング》 TO《トゥー》 DIE《ダイ》！　若くして死ぬ」
（宮藤官九郎《くどうかんくろう》監督／2016年公開／東宝、アスミック・エース）

当会の映画「ノストラダムス戦慄《せんりつ》の啓示《けいじ》」（製作総指揮・大川隆法。一九九四年公開）の影響《えいきょう》を受けたかどうかは知りませんが、天国の描写《びょうしゃ》は、「だだっ広い病院のような所で、寝《ね》たままカプセルに入っている」というようなものでした。この状態で「生まれ変わり」を待っているのかもしれませんが、「退屈で、いられない所」のような描き方だったのです。

一方、地獄《じごく》は、「ギターを弾《ひ》いてロックを歌い、みんなで楽しそうにやっているような所」として描かれていました。

この映画は、「修学旅行中にバスが崖《がけ》から落ちて、ほとんどが死んだ」という話です。「面白《おもしろ》い」と言ってはいけないのかもしれませんが、地獄のほうが楽し

「ノストラダムス戦慄《せんりつ》の啓示《けいじ》」（製作総指揮・大川隆法／粟屋《あわや》友《ゆ》美子《みこ》監督／1994年公開／東映）

そうな感じに見えた映画です。「実際、そう（感じる人もいる）かもしれない」とは思いましたが（笑）、天国をもう少しよい所として描いてくれてもよかったかなと思います。

また、神木さんは、声優でも活躍していて、映画「千《せん》と千尋《ちひろ》の神隠《かみかく》し」（二〇〇一年公開）や、去年公開の映画「君の名は。」などのアニメにも出ています。日本での邦画《ほうが》の興行収入で、歴代の一位（「千と千尋の神隠し」）と二位（「君の名は。」）、三位（「ハウルの動く城」）の全部に神木さんが出ているため、その意味で、「この人は人間か？」という感じの言われ方をすることもあります。

「君の名は。」（新海誠《しんかいまこと》監督／2016年公開／東宝）

わりあい似合う「天才」「狂人《きょうじん》」「多少の悪《わる》」役

大川隆法　今（二〇一七年三月）は、神木さん主演の映画「3月のライオン」の前編が公開中ですが、これは「将棋《しょうぎ》指し」「棋士《きし》」の話です。

彼の役は、幼くして両親と妹を交通事故で亡《な》くし、自分だけが生き残った男の子です。その子は、お父さんの友達だったプロの将棋指しから、「君、将棋、好きか」と訊《き》かれたときに、生きるために「好きです」と嘘《うそ》をつきます。そして引き取ってもらい、その人の内弟子《うちでし》になり、義理の息子《むすこ》として育ててもらうのです。

「3月のライオン　前編／後編」
（大友啓史監督／ 2017 年公開
／東宝、アスミック・エース）

そのプロ棋士には、実の子供が二人、姉と弟がいて、二人ともプロを目指していたのですが、神木さん演じる主人公のほうがだんだん強くなって、その実の娘《むすめ》と息子を打ち負かすようになるのです。

ちなみに、お父さん役は〝トヨエツ〟（豊川悦司《とよかわえつし》）がやっています。

トヨエツについては、別のときにまた考えたいと思います。私には、「この人も一種の天才ではないか」と思うところがあるのです。今まで観てきて、トヨエツが出た映画には失敗作が一つもなく、どれも面白いので、「この人には一種の才能がかなりあるのではないか」と思っています。

そのトヨエツがお父さん役になっていたので、その対照が非常によかったのかもしれません。

この映画では、家族ぐるみの悩《なや》みと、将棋のプロになっていくこととを、なかなか上手に合わせています。今はまだ前編が上映中で、後編（二〇一七年四月二十二日公開予定）は一カ月ぐらいあとに公開されるのだと思います。

主人公は、中学生で将棋のプロになるのですが、師の「実の子」を打ち負かしてしまうようになって、その家にいられなくなり、家を出ていき、高校から一人暮らしを始めます。そのような設定でした。

神木さんは二カ月ぐらい本格的に将棋の練習をしたようですが、将棋連盟の会長の話では、「アマ初段ぐらいの力はある」とのことですし、現役《げんえき》プロの五段と六枚落ちの将棋を指して勝ったそうです。

アマ初段というと、おそらく、私より少し強いぐらいかとは思いますが、二カ月ぐらいでそこまで行ったのなら、大したものかなと思います。

監督《かんとく》は「るろうに剣心」の大友啓史《おおともけいし》さんです。

神木さんは小さいころから子役をやっていた方な

『映画監督の成功術　大友啓史監督のクリエイティブの秘密に迫る』（幸福の科学出版刊）

ので、「中学生でプロになり、高校生で五段になっている」という役柄《やくがら》において、孤高《ここう》の感じというか、早くしてプロになり、大人のなかで戦っている感じが出ると思って、大友監督は彼を起用したのだと思うのですが、なかなか、それなりの感じは出ていたように思いました。

神木さんには、「天才役」や「狂人役《きょうじんやく》」、「多少、悪《わる》の役」などが、わりあい似合うのです。「あなたに救世主役ができるか」と言って彼を挑発《ちょうはつ》したら、面白いことになると思うのですが、こういう役は、どれもみな上手です。

見ていて感じる「天才が抱《かか》える悩《なや》みの正体」とは

大川隆法　（彼の出演作に対する感想は）このようなところですけれども、神木さんの守護霊から、二回ほど、私のほうに「霊言を収録できないでしょうか」というような打診《だしん》は受けているので、優先して収録しようかと思っています。

この感じでは、たぶん、少し変わったところがある人だと思います。神秘的な感じがしますし、映画「妖怪大戦争」に出るぐらいなので、霊界《れいかい》はお好きなのではないかと推定します。名前も少し変わっていますし、おそらく、普通《ふつう》のタイプの人ではないでしょう。

今日の質問者の宇田なぎささんは、私が大分《おおいた》で講演（二〇一七年二月十一日説法《せっぽう》「信じる力」）を行《おこな》ったときに、「神木さんが朝の夢に出てきた」という人なので、なぜ出てきたのか、訊いてみたいところでしょう。

彼の「人気の秘密」に迫《せま》りたいと思いますが、彼については、もう一つ気になることがあります。

トーク番組等を観るかぎりでは、「何か、この人なりの悩《なや》みはあるのだな」ということが分かります。それは、おそらく、「孤独《こどく》」ではないでしょうか。友達は少ないと思われます。

早くしてプロになった分、彼は孤独だったのではないでしょうか。「同年代の子供たちが一緒に遊んだり勉強したりしているようなこと」をできなかったために、たぶん、孤独な疎外《そがい》感を味わったのではないかと感じられます。トーク番組を少し観ただけで、すぐそれが分かるのです。

そつなく、いろいろな芸をこなしているけれども、「今の感じでいくと、もしかしたら、三十歳過ぎには、ただの凡庸《ぼんよう》な人間になるのではないか」というようなことを、いちばん恐《おそ》れているのではないかと推定しています。

おそらく、心のなかでは、先生というか、「メンター（精神的指導者）」のような人を求めているのではないでしょうか。「そういう人がいないと、今後、自分が伸《の》びていけるかどうか、分からない」という感じなのではないかと思います。

彼は、子役からやって、「天才子役」と言われていましたし、いろいろな役柄をやり、台本に合わせながら、さまざまな勉強をしたわけですが、「統合的・体系的に、世の中の仕組みや考え方などを理解することが十分にできてはいないところ」を、悩んでいるのではないかと思うのです。

要するに、自分の経験した役柄のようなことについてはパラパラと知っているものの、「それらが全体のなかでどういうところに位置づけられるのか」、「自分はどのあたりまで理解しているのか」、「到達度《とうたつど》はどのくらいなのか」というようなことがよく分からないところが悩みなのではないでしょうか。そのため、「体系的理解をしたい」という気持ちがあって、本当はサラリーマンか何かを経験して、人々がどんな仕事をしているのか、どんなふうに勉強をしてきたのかを知りたいと思っているような感じを受けるのです。

孤独《こどく》な天才俳優・神木隆之介の守護霊にインタビューする

大川隆法　神木さんは、今、二十三歳にして「十七歳の将棋の棋士」の役もしましたが、こういう高校生役で出る分には若く見えてよいのかもしれません。しかし、「これから大人の役で仕事をしていくときに、何ができるか」というあたりのことを自分の課題として感じているところではないかと推定します。ただ、器用な方なので、うまくいくとは思いますが。

ちなみに、一人暮らしをしているそうですけれども、「カレーを一週間食べ続けた」という、ちょっと怪《あや》しいところもあって、偏食家《へんしょくか》のようなのですが、昔、消化器系の病気があったことと関係があるのかもしれません。その偏食の雰囲気《ふんいき》は、「体型」や「顔立ち」にも多少出ているように感じます。

また、神木隆之介さんの守護霊が先ほどから来てはいるのですが、ピリピリピリピリする感じはあるので、やや神経質なのかなという気はしています。

そういうことで、彼の天才性と同時に「孤独《こどく》」を、私はすごく感じました。どこまで心を開くかは分かりませんけれども、質問者には少し突《つ》っ込《こ》んでもらおうかと思います。

（質問者に）では、よろしいですか。行きますね。

今、非常に人気のある若手俳優であります、神木隆之介さんの守護霊をお呼びいたしまして、幸福の科学総合本部で、その守護霊霊言をやりたいと思います。

神木さん、どうか、よろしくお願い申し上げます。

（約十秒間の沈黙《ちんもく》）

2 怖《こわ》くてしょうがない、「天才子役と言われた、そのあと」

「映画の〝番宣《ばんせん》〟に来たんです、冗談《じょうだん》ですけど」

神木隆之介守護霊　（深々と頭を下げる）おはようございます。

宇田　おはようございます。神木隆之介さんの守護霊様でいらっしゃいますか。

神木隆之介守護霊　はい。おはようございます。

「J：COM杯 3月のライオン 子ども将棋大会」表彰式イベントにプレゼンターとして登壇した神木隆之介。

厚かましく、申し訳ございません！

宇田　いえいえ（笑）。本日は、幸福の科学にお越《こ》しくださり、ありがとうございます。

神木隆之介守護霊　ありがとうございます。

宇田　インタビューできることを、とても光栄に思います。

神木隆之介守護霊　はい。こちらこそ、光栄でございます。

宇田　ありがとうございます。

映画「3月のライオン」前編が三月十八日から公開されて……。

神木隆之介守護霊　映画の〝番宣《ばんせん》〟に来たんです。

宇田　（笑）ありがとうございます。私も、他の質問者の二人も観《み》ました。

神木隆之介守護霊　ああ……、ありがとうございます。じゃあ、三名は動員したということですね（会場笑）。

宇田　（笑）ほかにも観ていらっしゃる方は多くいると思いますが……。

神木隆之介守護霊　今やっとくと、後編がありますから、そっちも観ていただけるので、タイミング的にはいいんです。

宇田　そうですね。番宣を……（笑）。

神木隆之介守護霊　いやあ、これは冗談《じょうだん》ですけど（笑）。そういう目的で来ちゃいけない団体ですので、これは冗談ですけども。

宇田　神木さんは、実力派イケメン俳優ということで、今日は……。

神木隆之介守護霊　ああ、「イケメン」はちょっと余分かもしれませんが（笑）。

宇田　（笑）ほんとですか。

神木隆之介守護霊　まあ、どうなんでしょうか。

宇田　人気絶頂でいらっしゃいます。

神木隆之介守護霊　ああ、そうですか。

宇田　今日は、神木さんのいろいろな神秘の部分をお教えいただきたいと思います。

神木隆之介守護霊　あっ！　心理学科を出てるとか？

宇田　そうですね。

神木隆之介守護霊　ああ……、怖《こわ》い。

宇田　怖い？（笑）

神木隆之介守護霊　怖い（笑）。分析《ぶんせき》しないでください。

宇田　いえ、そんな……。今日は分析させていただきたいと（笑）。

神木隆之介守護霊　いやあ、困ったなあ。いやあ、されたくない。できるだけ、いいところだけを見て帰ってください。

宇田　はい（笑）。

本当は〝対人恐怖症《きょうふしょう》〟？

宇田　先日、私の友人が、「3月のライオン」の舞台挨拶《ぶたいあいさつ》に行きまして、神木さんを生《なま》で拝見したのですが。

神木隆之介守護霊　生で!?　ああ、それは〝食あたり〟したでしょう。

宇田　いえいえ（笑）。「出演されている周りのみなさんに、とても愛されている感じがしていて、みんなが『支えたい』と思うような俳優さんだった」と言っていたんですけれども。

神木隆之介守護霊　ああ……、それはいい人ですね、きっと。

宇田　（笑）みなさんから「愛される秘訣《ひけつ》」というのが何かございましたら。

神木隆之介守護霊　いやあ、さっぱり分からないんですよ。そういう、愛される素質はあんまりないんですけどね。どっちかというと、うーん……。

いや、ほんと言うと、〝対人恐怖症《きょうふしょう》〟なんです、私ねえ。あんまり人と会うのが好きではないんですよ。怖いんです。人が怖くて、一人でいるほうが実は好きで。旅先なんかでも、なるべく人に会わないようなところに行くのが好きで。そんなに器用じゃないんですよ、人と合わせるのは。「そういう役をやれ」と言われれば、その役に徹《てっ》しますけど、いろんな人に自由に合わせるのは、そんなに得意ではないので。

だからねえ、「モテる」みたいな言われ方をされても、意外にねえ、そんなにモテないんですよね。女性の人気はあんまりないんですよ。遠くからは声援《せいえん》が飛ぶんですが、近くに来ると、そんなモテるって感じはまったくないんです。

宇田　神木さんは、高校時代に、周りの人にモテたいがために、いろいろなことをしていたと聞いています。テスト中に巨大鉛筆《きょだいえんぴつ》をわざと転がして、周りの注目を集めようとしていたこととか。

神木隆之介守護霊　いや、ただのバカみたいに聞こえるんですけど（笑）（会場笑）。

宇田　（笑）ユニークで、ユーモアがある方だなと思ったんですけれども。

神木隆之介守護霊　いやあ、でもねえ、役者であって、そういうねえ、鉛筆を転がしたり、馬の首を被《かぶ》ったり、サンタクロースのまねをしたりとかしなきゃいけないっていうのは、やっぱり、ちょっと、それはねえ……。

そうしなければ、クラスのメンバーから人気を取れないっていうのは、ちょっと役者としても、やっぱり、かなり〝腕《うで》の鈍《にぶ》り〟を感じるというか、劣《おと》るところを感じますよね。役者であれば、素顔《すがお》のままで演じられなければいけないですよねえ、みんなに好かれる人格をね。

そういうふうにしなきゃいけないっていうところ自体が、やっぱり、まだ自分を隠《かく》したい部分があるのかなあ。

神木家の「三つの家訓《かくん》」

宇田　この前、大川隆法総裁から、広瀬《ひろせ》すずさんの守護霊霊言《れいげん》を賜《たまわ》りまして……

（『広瀬すずの守護霊☆霊言』〔幸福の科学出版刊〕参照）。

神木隆之介守護霊　あんな天才と一緒《いっしょ》にされたら、私、大変なことになる。

宇田　（笑）

神木隆之介守護霊　あっちは天才ですよ。

『広瀬《ひろせ》すずの守護霊☆霊言』
（幸福の科学出版刊）

宇田　広瀬すずさんの守護霊様が、神木さんのことを、「すごく礼儀《れいぎ》正しくて、映像に映っていないときの神木さんのほうが、後光《ごこう》が射《さ》している感じがする」とおっしゃっていました。

神木隆之介守護霊　すごいですねえ。その人、文才があるわ（会場笑）。次、芥《あく》川賞《がわしょう》を取るんじゃないですか。いやあ、そんな表現できないですね。「映像に映ってないときのほうがいい」っていうことは、「映像はすごく悪い」っていうように取れなくはないんですけどねえ（笑）。

宇田　そんな……（笑）。

ちなみに、神木家の家訓《かくん》があるとお聞きしまして。

神木隆之介守護霊　ああ、はい、はい。

宇田　一つ目が、「性格のかわいい人でありなさい」。

神木隆之介守護霊　「性格のかわいい人でありなさい」。

宇田　二つ目が、「真逆の意見でも一度は受け入れなさい」。

神木隆之介守護霊　ああ、逆の意見でも……。

宇田　三つ目が、「実るほど頭《こうべ》を垂れる稲穂《いなほ》かな」。

神木隆之介守護霊　挨拶だけはしっかりしてるんです。挨拶だけは。

宇田　（笑）この三つを、いつも心に留《と》めて過ごしていらっしゃると。

神木隆之介守護霊　まあ、挨拶だけであれなんじゃないですかねえ。もしかしたら、周りが認めてくださってるのは、そこだけなのかもしれません。挨拶のお辞《じ》儀《ぎ》の角度だけが、ちょっと深いので。

宇田　いやいや（笑）。

神木隆之介守護霊　いや、それはそうありたいものだとは思うけど。かわいい人であったりとか、人の批判もちゃんと聞いたり、それから、成功するほど頭《あたま》を下げろというのも、まあ、たぶん、それはそのとおりだろうと思うけど。

まあ、そうは思うけど、できないことばかりでありますよねえ。

だから、私も、もうすでに慢心《まんしん》してるかもしれないので。いつも、「中学生でプロの棋士《きし》」とかねえ、「高校生で五段で、上を目指す」みたいなのをやってるけど、いや、こんなのばっかりやってたら、やっぱり慢心しますよね、普通《ふつう》ねえ。大人をなめてかかるから。

大人は、やっぱり怖いですよねえ。自分の知らないことがいっぱいあるんじゃないかと思うから、大人は怖いので、そんなに天才子役とか……。

「天才子役」と言われたあと、成功した人はいないんですよねえ、ほとんどね、世界的に見て。だから、いつ燃え尽《つ》きるか、タネが尽きるか、飽《あ》きられるか、怖くてしょうがないです、ほんとにもう。「貧乏《びんぼう》に耐《た》えられる準備をしとかなきゃいけない」と、今からほんとに思ってます。

3 プロの世界で生き残る厳しさ

「並の才能」で「並以上の演技」をするために大事なこと

三觜　本日は、どうも……。

神木隆之介守護霊　こちら（三觜）のほうがイケメンですよ。

三觜　いえいえ、とんでもないです。本日は、よろしくお願いいたします。
　神木さんは、現場の共演者の方々の作品を事前にきちんと観《み》てから現場に入られたりとか、そういったところの研究や、謙虚《けんきょ》さについてのお話を伺《うかが》っているんですけれども、そういう努力をされているのでしょうか。

神木隆之介守護霊　うーん……。まあ、いちおう、年齢《ねんれい》的に私より上の人がずっと続いてきましたんで。やっと同世代や、ちょっと下の人が出てきましたけども。そういう研究は、なるべくやらないと。それは若い人の義務というか、当然のことだろうから。それ以外で大した知識もありませんので、できるだけ仕事に関係したことは勉強するっていうか。

今回は、「3月のライオン」を撮《と》るに当たっても、将棋《しょうぎ》の勉強もしましたけども。棋譜《きふ》っていいますかねえ、いろんな将棋の〝あれ〟を、やっぱり覚えなきゃいけないし、まあ、実際に指せるような感じまで覚えなきゃいけないので。そのへんが本物っぽく見えるかどうかは大事ですよね。

それから、「るろ剣《けん》（るろうに剣心《けんしん》）」なんかに出るときは、役柄《やくがら》がまだ来てないのに、オファーも来てないのに、もう出るつもりで剣の練習を一生懸命《いっしょうけんめい》やってましたので。そういうふうに強く思ってると、回ってきたりすることもあるし。やっぱり、人一倍、研究熱心にしとかないと、並の才能だと、並以上の演技はできないということになるので。

実際の演技になったら、ちょっとでも、なんか普通《ふつう》よりは〝切れる〟ように見える演技はできるようにしたいものだから。

そのためには、やっぱり「研究の量」が大事かなあというふうには思っています。周りの人のまで含《ふく》めてね。

三觜　なるほど。

映画「3月のライオン」で演じたプロ棋士《きし》と役者の共通点

三觜　私も、「3月のライオン」を拝見したんですけれども、人生を一点に懸《か》ける人間たちの世界が描《えが》かれていたと思います。

また、そのなかの一握《ひとにぎ》りの天才たちが持つ「神秘性」だとか、「聖なる強さ」というのか、ちょっと恐《おそ》ろしさも感じるようなシーンもあり、そういう、究《きわ》めた人間たちの感じがすごく出ていました。

同じように、神木さんも子役のころから俳優という道を究めていらっしゃって、似ている部分もあるのかなと感じたんですけれども、そのあたりはいかがでしょうか。

神木隆之介守護霊　うーん、まあ、私に割り当てが来る役ではあったのかなあとは思いますが、将棋《しょうぎ》自体は、そんなに、よく知ってるわけではないんです。今の若い世代だと、前のマンガ家（を題材にした映画）の「バクマン。」も、「高校生プロマンガ家」みたいなところが珍《めずら》しいところだし、「るろ剣」も、「若くても剣が強い」っていうことで認められるみたいな感じので。

若い人に、多少、「夢」とか「モチベーション」を与《あた》えることができれば、使命の一つは果たせてるのかなあとは思うんですが。

普通、芸能界とかではね、歌手とか俳優とか、その他、モデルとかで早く出たいと思ってる人は、やっぱりたくさんいて、たぶん、百万人単位ぐらいで存在するとは思うんです。将棋っていうのは、もうちょっとマイナーですけど、それでも、プロへの道があって、羽生《はぶ》（善治《よしはる》）さんあたりで、中学生プロ棋士《きし》三人目ぐらいですか。（映画では）私は、中学生でプロになった五人目の設定になってると思うんですけども。

怖《こわ》い世界ですよねえ、ほんとに。十代からあとは、「名人」や「名誉《めいよ》何とか」っていうあたりになると、もうほんと、死ぬ間際《まぎわ》までやる方もいるので、本当だったら親子の年齢か、おじいさんの年齢の人ともやらなきゃいけない。でも、プロだったら負けるわけにはいかないし。

勝負ですから、刀は使わなくても、勝ち負けが出ると、まあ、映画のなかにも出ているように、負けたら、いろいろ言われますよねえ。

自分の〝育ての父親〟とも(対局で)当たってしまって、打ち負かしてしまったことから、相手が連敗したりして、そこの〝育ちのきょうだい〟あたりとも仲は悪くなるし、お父さんのところにも顔向けできなくなるしっていうような。プロだから負けるわけにはいかないし、勝ってしまったら、〝あれ〟だし。

あと、負けると、家で必ず暴《あば》れるプロ棋士も出てきたりもして、「負けが込《こ》むと家庭が荒《あ》れるので、もう離婚《りこん》になる」とかいって、「次、負けたら、たぶん、

（家族との）最後のクリスマスはなくなる」なんていう人とも対決する。それで、「おまえは性格が優《やさ》しいから、負けちゃうんじゃないか」なんていうことを言われたら、やっぱり、「負けるわけにいかない」みたいな感じで負かしちゃうけど、案《あん》の定《じょう》、大変なことになるというのが出てきますよねえ。

そういう意味で、〝命のやり取り〟ではないんだけど、やっぱり、一局一局、みんな真剣勝負ではあるし、対局に勝てば、例えば、六十万円とかもらえたりすると、プロだったら、給料の代わりに、勝って賞金を稼《かせ》がないと生きていけないところがありますからね。

まあ、つらいと思うけど、だんだんだんだん数が減っていきますので。上へ上がれば上がるほど（棋士の数が）減っていくし、どうしても超《こ》えられない「才能の壁《かべ》」があるからねえ。

だから、将棋をやっていて、役者の世界と同じようなものは感じますよね。やっぱり、才能というのはあるし、主役が取れる人と取れない人があるし、主役になっても、ヒットが出せる人と出せない人とがある。まあ、いろいろ、周りの目もあるので、厳しいですね。

プロ棋士の場合は、自分の「棋譜」っていうか、〝指した跡《あと》〟が全部遺《のこ》りますのでね。それを研究されますので。みんなに研究されるので、厳しいですねえ。役者のほうも、出た映像が遺ってますから、いろんな人に研究されているのは、まあ、そうだろうと思うんですが。そういう、研究する世界ではあるんですけど。「そのなかで生き残れるか」っていうのは、役者であれば、「役を変えて演技ができるか」っていうことですが、プロ棋士の場合は、「相手によって指し手を変えてやれるか」っていうことですよね。そのへんは身につまされるものがあったし。

対局する間に、二キロ、三キロ痩《や》せるっていうのを……、こう、盤面《ばんめん》に向かって座《すわ》ってるだけで、汗《あせ》をかきながら痩せていく感じを出さなきゃいけないようなのは、いや、なかなか難しい演技ではあったし、みなさんも、やっぱり、頑張《がんば》っておられたかなあというふうな気はしましたね。

でも、やらせていただいてよかったかなあとは思っています。

三觜　ありがとうございます。

4 天才の光と影《かげ》

私生活は「枯《か》れ木を花瓶《かびん》に挿《さ》しているような感じ」？

三觜　今、役づくりに関してのお話も出ましたけれども、それは、私生活の経験から来るところもあるのでしょうか。

神木隆之介守護霊　私生活……。

三觜　それとも、本当にゼロから新たにつくられるのでしょうか。

神木隆之介守護霊　うーん……。まあ、私生活はねえ、「ない」んですよ。「ほぼない」んですよ、もう。

三觜　そうですか（笑）。

神木隆之介守護霊　うん。私生活は〝枯《か》れて〟るんです。もう、ほんとねえ、枯れ木。「枯れ木を花瓶《かびん》に挿《さ》してるような感じ」が、私生活ですねえ。

三觜　うーん。

神木隆之介守護霊　ええ。もう枯れてますわ。だから、人間としての最低生存条件だけをクリアすることを目標に、あとはもう気にしていないっていうか。

三〓　なるほど。

神木隆之介守護霊　うん、まあ、そんな感じですね。

小さいうちから、「モデル」だ、「俳優」だ、いろいろやってくると、いろんな大人とかかわってくるんだけど、その年相応の育ち方をしていないので。いろんな人が手伝ってくださったりするところもあって、「この年代で何ができなきゃいけないのか」みたいなのが、あんまり分からないので、うーん……。ちょっとザッとしてますねえ、そのへん。

「休業宣言して、勉強しなきゃいけないときが来るかも」

三〓　では、神木さんにとっていちばん面白《おもしろ》いものは、やはり、演技なのでしょうか。

神木隆之介守護霊　うーん……。まあ、趣味《しゅみ》は、写真だとか鉄道だとか、ギターとかアニメとかだと書いてはいるんですけどね。マンガもずいぶん読みましたけども、昨日《きのう》あたりから、大川隆法先生から、「神木君、マンガばっかり読んでちゃ駄目《だめ》だよ」って怒《おこ》られて。

三觜　（笑）

神木隆之介守護霊　昨日、怒られたんで。「もうちょっとちゃんとしたものを勉強しないと駄目だ。この先、もう、才能が涸《か》れるぞ」って言って、昨日の夜、怒られたんです、実は。「マンガばっかり読んどるだろうが。あなた、マンガで教養つけてやってるけど、それは、子供時代まではよくても、大人では、もう通じないよ」って言って。「もうちょっと、まともなものをちゃんと読め」っていうのかなあ。

何？　〝ＨＳＵ（ハッピー・サイエンス・ユニバーシティ）ブックス〟っていうのが、なんかあるんですか？　大学のテキスト？

三觜　ございます。はい。

神木隆之介守護霊　うん。「あのくらいはちゃんと読むんだ」っていうようなことを、昨日言われ

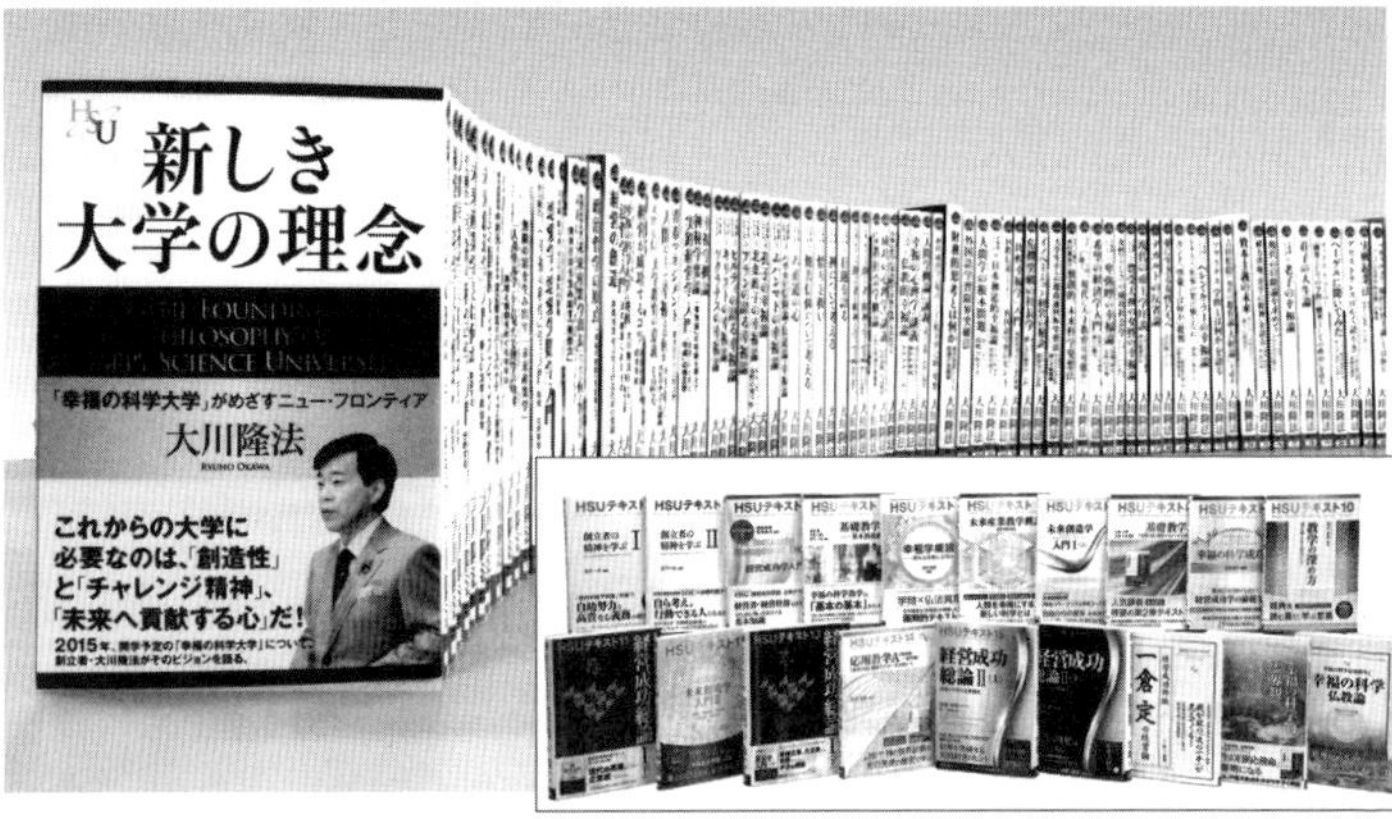

（上）ＨＳＵの開学前にスタートし、開学後も続々と刊行され続けている「幸福の科学 大学シリーズ」（大川隆法著、幸福の科学出版刊）。（右下）ほかにも、講義で使われているテキスト群（ＨＳＵ出版会刊）が発刊されている。

て、「ヒエーッ」って言って。

三觜 （笑）

神木隆之介守護霊 「マンガばっかり読んでたら、もうこれから先ないよ」って言われて、ちょっと大変だなあと思って。ほんとに、かっちりした勉強をゆっくりやる暇《ひま》はないので。

仕事に合わせて、その周辺を掘《ほ》ることをやってはいるんですけど。確かに、映画とかドラマになるものは、けっこう特化したものが多いから、それ以外の世界は、十分知らないっていうかねえ。

だから、ほんとは、サラリーマンの世界なんかでは、どんなふうになっているのか……、一年目、二年目、三年目、四年目、五年目、あるいは課長やその上のこととか、「もうちょっと知ってみたいなあ」、「年を取っただけで演じられるかなあ」って、やっぱり、不安はありますね。

みなさまがたがどんな勉強をして、どんな仕事をなされているのか、確かに、もうちょっと知らなきゃいけないから、「どっかで休業宣言して、何か勉強しなきゃいけないときが来るのかなあ」っていう気はする。昨日の怒られ方から見て、そんな感じは受けました。

「ずっと年を取らない感じなんですよね」

三觜　将来に関してお訊《き》きしますが、今後の役者像というか、どういった役をやりたいとか、どうありたいなどというものはあるのですか。

神木隆之介守護霊　うーん……、年齢《ねんれい》相応に変わらないといけないんだけど……。

私ねえ、ピーターパンじゃないけど、なんか、ずっと年を取らない感じなんですよねえ。まあ、「永遠の十五歳《さい》」と言われているんで。

年齢相応に、二十代になったら〝男の色気《いろけ》〟が出てきて、女性を惹《ひ》きつけて、「恋愛《れんあい》ドラマをもうちょっと盛り上げたい」みたいなのは、普通《ふつう》、企画《きかく》としては出てくるもんでしょうけど、子供子供しているから、その〝男の色気〟が出ないんですよね。

だから、（佐藤《さとう》）健《たける》君なんかに、「男の色気、どうやって出すの？」みたいなのを訊いてるんだけど、「そんなもの知るか！」っていう感じで言われるから。

三觜　（笑）

神木隆之介守護霊　それで、あんまり言うと、「二人は〝特別な関係〟」みたいな感じで言われるから、あんまりこれにくっついててもいけないいし。うーん、学べるもんじゃないですねえ、やっぱり。

まあ、もしかしたら体質的なものがあって、〝永遠の子供〟っぽい体質で生まれついていているのかもしれないですが。なんか子供に見えて、女性から見ると、母性本能みたいなのはくすぐられるらしいんだけど、それでは、これからの年齢、二十代の中盤《ちゅうばん》からあとの演技には、多少、差し支《つか》えるんじゃないかなあと思うんで。

まあ、実践《じっせん》がなきゃいけませんねえ。実践ねえ、実践。

考えてるんですが、一人暮らししてると、もう面倒《めんどう》くさいんですよね。女性とかが（家に）来られると、ほんとに、部屋を片付けなきゃいけないし、掃除《そうじ》するのも面倒くさいでしょう？　冷蔵庫を開けたら、「うわあ、こんなのを一週間も食べてるの」みたいな感じに言われるのも嫌《いや》だし。何て言うか、貧しい私生活を見られるのは、ちょっと厳しいので、あんまりねえ……。

でも、お金はあったらいいなと思うんだけど、うーん……。お台場《だいば》あたりで流《りゅう》星《せい》が流れたときに、願い事をすりゃ叶《かな》うっていうから、「お金、お金、お金〜！」とか言ったことはあるけど、実際にお金がそんなに要《い》るわけではなくて。そんなに要らないいんですよね。

だから、服なんかも人からよくもらうし、関心がそんなにあるとは、あんまり思えない。まあ、あったほうがいいんだろうなあと思うけど、じゃあ、豪華《ごうか》な車を乗り回して、いい格好して、人目につきたいかっていえば、そんな気持ちはあまりなくて、どっちかっていったら、やっぱり、うーん、そうですねえ……。ほんとに、鳥取《とっとり》あたりでも一人旅してるほうが似合ってるっていうか、そんな感じですかねえ……。

ちょっとこれ、おたくはプロなんだったら、教えてください。

三觜　（笑）いや、いや、いや。

神木隆之介守護霊　どうしたら……、どうプロデュースすりゃあいいんですか。自己変革っていうか……。

「置き忘れてきた二十年」を取り返せないでいる

三觜　でも、そういった姿勢というのか、個性が、作品にもよく出ていると思いますし、欲深いギラギラしたものというよりは、道を究《きわ》める、求道《ぐどう》する姿勢のようなものを、作品を通じてすごく感じるので、そういったところが、非常にまれな俳優さんだというようには思うんですけれども。

神木隆之介守護霊　でも、これで、大人にならないままの、ピーターパン症候群《しょうこうぐん》ですか？　みたいな感じで終わったら、あとがあるかどうか……。

（「3月のライオン」で）棋士《きし》のお父さん役をやってくれた豊川悦司《とよかわえつし》さんみたいに、この前の映画「後妻業《ごさいぎょう》の女」では悪役を演じて、その次は、今回みたいなプロ棋士の高段者を演じるみたいなことを、平気でやれるようなタイプの俳優に成長するかなあと思うと、確かに、そこまで幅《はば》がある演技ができるかどうか、自分にはまだ分からない感じがあります。

だから、子供のままで、ピーターパンのままでかわいがられるっていうのを、三十までずっと続けると、みんなから、「もう、いい年こいて、何やってるんだ」という感じに言われるかもしれないので、やっぱり、私を教育してくれる、お姉さん役みたいな女性とかに、社会常識をゼロから教えてもらわなきゃいけないのかなあ……。

例えば、クラブのママみたいな……、ママは無理かな。じゃあ、ママまで行かなくてもいいけど、大人の男性、社会人の男性の振《ふ》る舞《ま》い方を知っているような人に、もうちょっと教え込《こ》んでもらわないと。「ああ、そうか、そうなんですか。こういうふうにするんですか」みたいなのを、もうちょっと習わないと、少し危ない。

よく使われていて、出番がいっぱいあるのはありがたいけど、そういう、「充《じゅう》電《でん》する」っていうか、その作品だけの研究じゃなくって、作品外のところを、「人間としての成長を研究する部分」が、今、足りないのかなあ。

あるいは、自分自身が、「すぐ死ぬかもしれない」って言われて、最初から早く出ようと焦《あせ》ってやった部分に、何か〝置き忘れてきたもの〟があったのかなあっていうことがあって。その〝置き忘れてきた二十年分〟が、取り返せないでいるのかなあっていう。もう一回、小学校からやり直さないといけないのかなあっていうような、そんな気持ちも一部にはあります。

うーん。でも、昨日ちょっと何かね、大川総裁がチラッと言っておられたのは、見ていると、おたくの宏洋《ひろし》社長（大川隆法の長男、ニュースター・プロダクション〔株〕社長）にも、（神木に）ちょっと似ているところがあるとかいうようなことを言ってたんで。

三觜　そうですか。

神木隆之介守護霊　どこが似ているのか、私は分からないんですけど。何なんだろうかね。

なんか、昔、小さいころに、普通の子が遊べたり自由にできたりしたような部分がなくて、青年期になって、取り返したいみたいな感じ？　焦りを持っているようなところが似ているっていうようなことを言われたんですけどね。

三觜　うーん。

神木隆之介守護霊　うん。ちょっと分からない。

三觜　なるほど。

幸福の科学の書籍《しょせき》は「難しい」

三觜　ぜひ、幸福の科学の仏法真理《ぶっぽうしんり》の書をお読みいただくと……。

神木隆之介守護霊　（頭に）入るかなあ……。

●仏法真理　この世とあの世を貫き、過去・現在・未来を貫く、宇宙の普遍の真理、仏神《ぶっしん》の教えのこと。また、幸福の科学で説かれている教えのこと。

三觜　人生学の宝庫《ほうこ》だと思うんです。

神木隆之介守護霊　入るかな？　マンガで出来上がってるから。マンガやアニメで出来上がってるので、入るかなあ？　まあ、ちょっとは知っていますけれども。

三觜　ぜひ。

神木隆之介守護霊　存じ上げておりますけど、難しいですよね。なんか、いろんなものがいっぱいあって、難しいですよね。先ほどおっしゃったようなことを、どういうふうに体系化して、位置づけて、理解するかみたいなのが、ちょっと私に尺度がないのか、分からない。

いきなり主役とか、いきなり子役みたいにパーンと出るようなのをやってきたので、何て言うのかなあ、順番に層を積み重ねるような勉強が、ちょっと足りてない。

うーん、このあと、「堕落《だらく》」みたいな感じのやつが来たら、できるのか……。「元有名俳優で、堕落して、転々と居場所を変えながら生きている」みたいな役が来るのかなあと思ったりもするんですけどねえ。

しっかり教えてくださいよお、分からないんだからあ。

三觜　（笑）

神木隆之介守護霊　うーん。

三觜　そういった、いわゆる、ある種、狂気《きょうき》のような役を演じられるような俳優も、非常に貴重だとは思うんですけれども、ぜひ……。

神木隆之介守護霊　いや、大きな声を出してるだけなんですけどね。

三觜　（笑）

神木隆之介守護霊　で、それを、みんな、「狂気」とおっしゃるんですが。

三觜　神木さんには、天国的なというか、光の世界を表現するような役者にもなっていただきたいというように思っていますので、ぜひ、体系的な仏法真理を学んでいただきたいとは思うんですけれども。

神木隆之介守護霊　うーん。じゃ、剣《けん》が強くて、天国的（な役）だったら……、「るろ剣（るろうに剣心《けんしん》）」だったらね、剣心を佐藤健さんが演《や》ってるから。ちょっと奇人《きじん》・変人《へんじん》っぽくて、剣が強いっていう役を私が演ったのは、そんなのが回ってきやすいっていうことですかねえ。

天国的なものを私が演って、どうなるかって……。いちばん天国的だったのは、テレビドラマの坂本龍馬《さかもとりょうま》役で出たやつあたりだったかもしれませんね。

人斬《ひとき》り以蔵《いぞう》とかを演ると、ちょっと、また怖《こわ》い感じが出てくるしねえ。うーん。

5 なぜ「天才子役」は「大人の役」が難しい？

「殺陣《たて》の美しさ」を演じた秘訣《ひけつ》とは

三觜　少し話は変わるのですが、今、お話にも出ました坂本龍馬《さかもとりょうま》役ですとか、「るろうに剣心《けんしん》」では瀬田宗次郎《せたそうじろう》という役をされていましたけれども、そういったところでの殺陣《たて》の美しさがすごいなと感じました。そういったときには、霊的《れいてき》指導のようなものは……。

神木隆之介守護霊　いや、ないですよ。

三觜　ないんですか。

神木隆之介守護霊　そんなのねえ……。役がオファーされる前から練習してたっていうことで……。あれ、殺陣はどのくらい……、八カ月ぐらい前から始めたかなあ？

健君《たけるくん》なんかは、たぶん、三カ月ぐらいしかしてないと思うけど、私は、八カ月ぐらいはやっているかと思うんで。向こうは、ちゃんと役のオファーが来てからやってますけど、私は演《や》りたくって、オファーが来る前に一人で練習をやってたので。

まあ、それは勘《かん》と言やあ勘だし、〝直感人間〟と言やあ直感人間なんで、演りたいと思うものが来ることはある。それが霊指導によってかどうかっていうのは……、まあ、直感人間であるところは霊指導なのかもしれないけど。いかにも、

「こういう役ができますよ」みたいな感じでPRしているようには見えるかもしれないですけどね。

三觜　でも、練習だけではない、何か研《と》ぎ澄《す》まされた感じがあったんですけれども。

神木隆之介守護霊　でも、まあ、よく見れば、どれも同じ「神木隆之介」なんですよ。うん。

三觜　（笑）

神木隆之介守護霊　どの役を演ってても、実はね。みんなが、努力して違《ちが》う人だと見ようとしてるだけで、実は一緒《いっしょ》なんですけどね。

だから、おんなじような役しかできてはいないんですけど。全然違う役づくりっていうのは、はっきり言って、できてないんですよね。子役……、まあ、「高校生なのに、ちょっと特別な何かをやっている」とかいうような、そんな役が多いですから。

実際は、制作側っていうか、プロデュース側も、これから、どう使うか悩《なや》んでくるあたりかなあとは思うんですけどねえ。

その意味で、何と言うか、あんまり浮《う》いた話も出ないので、週刊誌も儲《もう》からず、申し訳ないなとは思ってるんですが。

わりあい淡白《たんぱく》なんですよね。生活自体は淡白なので、もうちょっと、こう……。昔、食べ物とかで、いろいろ好き嫌《きら》いとかで苦しんだことがあるから、そういう意味での貪欲《どんよく》さが足りないのかなあ……。「もうちょっと貪欲だったらいいのかなあ」と思うんですけどね。

うーん、どうやったら、欲望って、もっと出てくるんですかね？

いやあ、やっぱり、ギラギラするには力が要《い》ると思うんですよ。どうやったらギラギラできるんだろう？

ほかの人が「演技するのが難しい」と言うのが、よく分からない

三觜　自己実現というか、将来に向けて、どのように考えていらっしゃるのでしょうか。

神木隆之介守護霊　いやあ……。

三觜　そのあたりも不思議なんですけれども。

神木隆之介守護霊　あんまり考えてないんですよねえ。だから、十五歳《さい》で止まってるんですよね、ほんとねえ。確かにそのとおりなんですよ。

あるいは、積み木みたいなもので、土台をちゃんとつくってないと、いくら上を積んでも崩《くず》れ落ちるような感じ。〝積み木崩し〟に入ってる可能性があるので。二十歳《はたち》を過ぎたら、どんどんどんどん、積んでも積んでも崩れている可能性を、ちょっと感じてはいるので。

今はよく出てるけど、「よく出ている」っていうのは、もうだいたいピークを過ぎてる可能性もあるので。「二十歳でピークを過ぎる人」っていう可能性もないわけではない。高校生の役が演じられなくなったら、もしかしたら終わりとかいうことも、あるかもしれないので。大人の役はできないかも。うん。

三觜　俳優という職業、あるいは、演じるということの面白《おもしろ》みや喜びは、どういったところに感じているのでしょうか。

神木隆之介守護霊　いやあ、分からない。

だからねえ、気がついたとき、物心《ものごころ》ついたときには、もう「プロ」だったんですよ。最初から、「プロの俳優」っていう意識が自分にはあったんで。

物心って、普通《ふつう》、十歳か十一歳ぐらいのころにつくって言うんですけど、私なんか、二、三歳から物心がついていて、自分が「演じている」っていうことは、理解していたので。だから、プロの意識はすごく早いうちからあった。

まあ、歌舞伎《かぶき》役者の子供なんかも早いからね。子供でやるから、そんな感じだし。お寺の小坊《こぼう》さんなんかも早いのかもしれないですけど。

最初から「プロの役者」の意識があって、それが自分のように思っていたから、プロの役者でない普通の子供がどういうふうに育っていくのかが、ちょっと分からないようなところがあって。まあ、ある種の寂《さび》しさは、やっぱり、どうしてもあることはあるんですよねえ。

「演じている自分が、自分だ」と思って育ったんで、ほかの人が、「演技するのがすごく難しい」って言ってるのが、よく分からない。よく分からないんですよ。最初から、名前をもらって、そのストーリー、役柄をもらえば、その人になるのが自分だと思ってたから。

たぶん、みなさんが、国語だ、理科だ、社会だって勉強してるやつを、「はい、おまえは瀬田宗次郎だ」「今日は、〇〇だ」って言われて、それをやってるような感じでやってきたから。その成長過程で、多少、普通の人と違う〝食べ物〟を食べて育ったような感じかなあ。そんな感じなんですよねえ。うん。まともな人間に戻《もど》してくださいよお。〝妖怪《ようかい》〟のままで終わっちゃうのかなあ。

ハハハ。

6 「神がかり」を感じる瞬間《しゅんかん》

「演技の筋《すじ》」「視聴者《しちょうしゃ》の評判」などが少し早く分かってしまう

栩坂《とちさか》　今回はありがとうございます。
神木隆之介さんは、声優としてもたくさん活躍《かつやく》されていると思います。

神木隆之介守護霊　ああ、はい、はい。

栩坂　声優をされたときのインタビューのなかで、「役を色でイメージしたり、音でイメージしたりしている」というお言葉がありました。

ちなみに、映画「3月のライオン」のなかでは、(将棋《しょうぎ》の) 指し手を見て、「何か気持ち悪い」と表現するような役もされていましたが……。

神木隆之介守護霊　ああ、ありましたね。

栩坂　そういう、「インスピレーション」というか、「直感力」の秘密を教えていただければ幸いです。

神木隆之介守護霊　「3月のライオン」のあれは、「銀」の打ち方だったかと思います。「こんなところに銀があるのが気持ち悪いんですよね」みたいな感じのだったような気がするんですけど。「理屈《りくつ》では説明できないんだけど、プロの将棋指しの勘《かん》というか、筋《すじ》として、何となく違《ちが》うような感じがする」っていう感じですかね。

でも、こんなのは……。例えば、テニスのプレーヤーだったら、向こうが球《たま》を打つ前に体が動くでしょう？　普通《ふつう》ね。実際は、ショットをしないと、球がどこに飛ぶか分かんないけど、相手が走ってきて、動いてるのを目で見たら、「こっちに来そうだなあ」というところに向かって体が動き始めると思うんですよ。それが動かない人は、たぶん、一手遅《おく》れて、決められてしまうんじゃないかなあ、と。

あるいは、剣道《けんどう》なんかでも同じなんじゃないでしょうか。実際に竹刀《しない》を振《ふ》りかぶって打ってきてから、「向こうが面を打ってきたから、これを避《よ》けよう」とか思ってるのでは遅《おそ》くて、相手が構えてる段階で、竹刀と相手の目を見て、「ああ、ここを狙《ねら》っているな」っていうのを感じるのが上段者なんじゃないかなあと思うので。

だから、足の動きぐらいで、もう打ってくるところが分かるのが普通だろうけど、そういうのは、体質的に、何となく分かっちゃうようなところは、自分としてはあることはある。

まあ、人のことは悪く言っちゃいけないし、「厳しいことは受け止めて、人からは好かれなきゃいけない」、「実るほど頭《こうべ》を垂れなきゃいけない」っていう家訓もあるので遠慮《えんりょ》はしてますけども、例えば、一緒《いっしょ》に演技してみたら、いろいろな人の〝太刀筋《たちすじ》〟というか、演技筋が見えることは見える。「この人は、たぶん、ここでこういうふうに演じるだろうなあ」っていうのが見えることは見えるので、「そういうふうに演じるとしたら、どう受けるかなあ」ということを考えて、頭のなかで、シミュレーションしたりはしますねえ。

それから、芸歴が二十年以上あるから、同年代の人に比べて、俳優ということだけで見れば、〝若年寄《わかどしより》〟ではあるのでね。同年代の、二十歳《はたち》前後の人が、同じような仕事、同じような役柄《やくがら》をやっていても、まあ、生意気《なまいき》なことを言ったら嫌《きら》われるから言わないようにはしてはいるけども、だいたい、「演技の筋」は見えてしまう。「この人は、こんなふうに演じるだろうな」っていうのが、見えるのは見えるんです。

例えば、学園ものなら、クラスメート役の人たちが、いろいろな演技をやっているけど、「この人は、こんな演技をするだろうな」っていうのは、だいたい分かってしまう。そして、それが、「どの程度まで視聴者《しちょうしゃ》の評判を得るか」、「監督《かんとく》のおほめを受けるか、受けないか」、「やり直しになるか」が、ちょっと早めに分かってしまうようなところはある。

ただ、自分は監督じゃないから、「君、こういうふうに演じたほうがいいよ」みたいなことは言えないので、言いませんけど。ちょっと、それだけは、二十ぐらい年を取った人みたいに感じるところはありますねえ。

これが「霊能力《れいのうりょく》」なのかどうかは分からない。やっぱり、小さいうちからそのなかでやってきたために、まあ……、小さいころから水泳をやった人が、河童《かっぱ》みたいになるのと同じかもしれないですね。

なんでか、色彩《しきさい》、音楽……。うーん、音楽もたまに聴《き》きますが、そんなに才能があるとは思ってはいないんですけどね。人前で歌えるほどの才能があるとは思っていないので。

このへんは、やっぱり、まだ「線が細《ほそ》い」っていうか、うーん、「気が弱い」のかなあ。だから、もうちょっと人前に出られるぐらいの〝あれ〟っていうのも、自分で分かるんですかねえ。何かねえ、ちょっとそんな感じは……（首をかしげ、両掌《てのひら》を上にして肩《かた》をすくめる）。

「この世で仕事がある」かぎりは、「命がある」

三觜　話が変わるんですけれども、神木さんは、人生のほぼすべてを俳優として生きていらっしゃるので、今、その人生を振り返っているときなのかなという感じもします。

神木隆之介守護霊　うーん。

三觜　「俳優として生きるきっかけになった出来事の一つとして、小さいころの大病と奇跡《きせき》的な回復があった」とも聞いたことがあるんですが、守護霊様から見た、「病気からの奇跡的な回復によって俳優という人生を歩むことになった縁《えん》」について、教えていただければと思います。

神木隆之介守護霊　うーん。まあ、(地上の)本人のほうは、「どうせ、二十歳までは生きないか、あるいは、生きても、結婚《けっこん》をする前に、独身のままで死んでしまうんじゃないかなあ」ぐらいに思ってたことが多かっただろうとは思うので。あんまり先まで考えてなかった可能性はあるから、その意味で、子供時代に凝縮《ぎょうしゅく》して一生懸命《いっしょうけんめい》やった面はあるし、母親もそういう感じだったのでね。「死んだあと、子供の映画とかを観《み》続けたい」みたいな感じの気持ちがあったから、何と言うかなあ、「記念に遺《のこ》しておこう」という気持ちはあったのかなと思うんですけど。

今、二十三ぐらいまで来たけど、もうちょっと生き延びるのかなあ? よく分からないんですが、「もうちょっと早く死ぬ」と思ってたんだろうとは思う。本人も、家族も思ってたし、私たち、守護霊レベルでも、「上の計画は、どのようになってるのかな」っていうのは、ちょっと分からないところはありましたけどね。

ただ、体質的には、確かに、霊的な体質を持ってはいるのかなあ。

だから、さっきからずっと言ってるように、「この世で仕事があるかぎりは、命があるんだろう」と思うんですよ。で、たぶん、「この世の仕事が終わったと思ったら〝引き上げられる〟」タイプなんじゃないかなというふうに思います。

この世に生き続けるというか、生存して「年を取る理由」を自分で見つけ出さないと、たいてい、こういう人は「早く死んで、あの世に還《かえ》って、惜《お》しまれる」っていうパターンになるんじゃないかなあと思うので。どうやってもうちょっと〝人生をもたせるか〟を、今、考えてるところなんですよね。どうやってしたら、〝接《つ》ぎ木〟して人生を延ばせるのか。

だいたいねえ、いいところは終わっちゃったんですよね。これからあとがないので。

うーん、女性で〝難破《なんぱ》〟して、あと、借金でもこしらえて、それを返すために後半生を生きるとか、そんなのぐらいをやったら延びるのかなあ？　うーん、分かんない。

演技をしているときに感じる霊的《れいてき》な存在とは

三觜　神木さんの、「死生観」というか、「宗教観」というのは、どういったものなんでしょうか。

神木隆之介守護霊　名前が名前ですからねえ。名前が名前だから、そらあ、ありますよ、ちょっとはね。神仏への信仰心《しんこうしん》みたいなのはもちろん持ってますし、やっぱり、ときどき感じるね。こういう霊的《れいてき》なものは感じるし、存在を感じることもあります。

役柄によってはねえ、自分に〝かかって〟きてる感じも受けるし。確かに、自分の思わないような演技が突《つ》き上げてくるような感じも受けることは受けるので、「誰《だれ》かが入ってやってるんじゃないか」っていう感じがするときもありますね。（霊言《れいげん》していることを指し）今、こういうふうに入ってしゃべってると、なんか、似たような感じを受けるっていうか。うーん、演技してて、ときどき入ってくる感じは受けますねえ。「神がかり型」っていうか、「憑依《ひょうい》型」っていうやつなのかもしれないけど、受けます。

ただ、自覚的に、何が来てるかはよく分からないんですけども、（役の）「気持ち」になろうとはしてるから。「龍馬《りょうま》の役」なら龍馬になろうとし、「以蔵《いぞう》の役」なら以蔵になろうとし、それぞれの役どころになろうとしてるので、たぶん、実在の人がいたら、それにいちばん近い人が（霊として）来るか、あるいは、似ている人が来てくれてるのかなあと思うことはあります。

ときどき、監督の守護霊が入ってきたりもするかもしれない。そういうような気が、ちょっとすることもありますけどねえ。

7 神木隆之介の「霊的《れいてき》秘密」とは

「普通《ふつう》の人間でない怪《あや》しげなものは、絶対あると思う」

宇田　先ほど、霊的《れいてき》なお話もありましたが、神木さんは、過去世《かこぜ》の転生《てんしょう》として、どのような世界で、どのような人生を歩まれてきたのでしょうか。

神木隆之介守護霊　来ましたねえ。やっぱり、必ず、そこに来るんですよね。ここで大きく出る人と、小さく出る人と、隠《かく》す人と、まあ、いろいろあるんでしょうけども。

あなた（宇田）なんかも、過去世が全然分からない人らしいじゃないですか。

ね？　そう伺《うかが》ってますけど。秘書をやりながら、過去世を隠し切っているという、すごい方ですよねえ。やっぱり、九尾《きゅうび》の狐《きつね》か何かじゃないですか。

宇田　（苦笑）

神木隆之介守護霊　エヘヘ（笑）。そんなことはないですか。まあ、私は、たぶん、今までの役柄《やくがら》の筋《すじ》から見ると、〝魔性《ましょう》のもの〟が何かあるんじゃないかなあとは思いますねえ、自分としてはね。

宇田　魔性のもの？

神木隆之介守護霊　うん、たぶん。何か、普通《ふつう》の人間でない、ちょっと怪《あや》しげなものは、絶対あると思ってますけどねえ。

三觜　神木さんは、義経《よしつね》役を二回、演じられたことがあって、「すごく運命を感じた」というように語っていらっしゃったとも聞いたんですが、義経と何かご縁《えん》があったりということはあるんでしょうか。

神木隆之介守護霊　うーん、義経は、もうちょっと頭のいい人でしょう、たぶんね。だから、一緒《いっしょ》じゃないとは思うんですけど。うーん、そうね。でも、（義経は）若くして頭角《とうかく》を現して……。鞍馬山《くらまやま》で、天狗《てんぐ》と間違《まちが》われるような生活をして、子供時代に修行《しゅぎょう》を積んだっていう。そ

八艘《はっそう》飛びの源義経《みなもとのよしつね》像（山口県下関《しものせき》市、みもすそ川公園）。

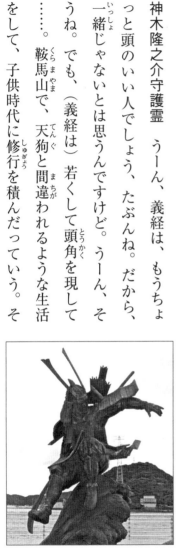

郵便はがき

料金受取人払郵便

赤坂局
承認

9429

差出有効期間
平成31年2月
28日まで
(切手不要)

107-8790

112

東京都港区赤坂2丁目10－14
幸福の科学出版(株)
愛読者アンケート係 行

フリガナ お名前	男・女	歳
ご住所 〒 都道府県		
お電話 (　　　) －		
e-mail アドレス		
ご職業 ①会社員 ②会社役員 ③経営者 ④公務員 ⑤教員・研究者 ⑥自営業 ⑦主婦 ⑧学生 ⑨パート・アルバイト ⑩他 (　　　)		
今後、弊社の新刊案内などをお送りしてもよろしいですか? (はい・いいえ)		

愛読者プレゼント☆アンケート

『孤独な天才俳優か!? 神木隆之介の守護霊インタビュー』のご購読ありがとうございました。今後の参考とさせていただきますので、下記の質問にお答えください。抽選で幸福の科学出版の書籍・雑誌をプレゼント致します。

（発表は発送をもってかえさせていただきます）

1 本書をどのようにお知りになりましたか？

①新聞広告を見て [新聞名：]
②ネット広告を見て [ウェブサイト名：]
③書店で見て　④ネット書店で見て　⑤幸福の科学出版のウェブサイト
⑥人に勧められて　⑦幸福の科学の小冊子　⑧月刊「ザ・リバティ」
⑨月刊「アー・ユー・ハッピー？」　⑩ラジオ番組「天使のモーニングコール」
⑪その他 ( )

2 本書をお読みになったご感想をお書きください。

3 今後読みたいテーマなどがありましたら、お書きください。

ご感想を匿名にて広告等に掲載させていただくことがございます。ご記入いただきました個人情報については、同意なく他の目的で使用することはございません。

ご協力ありがとうございました。

の後、それが戦《いくさ》をするときに役に立ったということはあるだろうし、八艘《はっそう》飛びみたいなのもあるから、おそらく、子供時代の精神鍛錬《たんれん》というか、心身の鍛錬が、青年期の活躍《かつやく》につながってはいるだろうけど。最後は、嫉妬《しっと》されて悲劇で終わっていきますよねえ。

だから、私も、あんまり、天才子役みたいに言われたり、大人になっても、天才俳優みたいに言われると、そういう、兄に当たるような人に嫉妬されたりして、消されるような運命にあるのかなあとか思ったりすることもあることはありますが。

神木隆之介の過去世《かこぜ》は「あやかしの剣《けん》を使う者」か「忍者《にんじゃ》」か？

神木隆之介守護霊　たぶん、義経に惹《ひ》かれるのは、そういう、「若くして出てきて、活躍して」っていうようなところですかねえ。

今は、戦で天下取りはしないけど、確かに、「電波」とか、「映像」とかで〝天下取り〟みたいなのは、いろいろやってるのかもしれないとは思いますけどねえ。

「今は、個人でチャンバラをやってるやつが、もうちょっと年齢《ねんれい》が来れば、武将か何かの役みたいなので回ってくるのかどうか」っていうところでしょうけど。

うーん、まあ、もうちょっと年上でできるとしたら、そうでしょうねえ。剣豪《けんごう》ものみたいなのだったら、確かに……。

でも、宮本武蔵《みやもとむさし》の側《がわ》じゃないなあ。おそらく、佐々木小次郎《ささきこじろう》の側だろうなあ。斬《き》られる側だと思うよ(笑)、たぶんね。斬られる側だろうなあとは思いますが。

何か、そういう、小次郎型の妖剣《ようけん》っていうかね、怪しげな、あやかしの剣を使うような感じのほうが、たぶん似合っているから。軍事的な兵法なのかもしれないけど、個人的には、そうした特殊《とくしゅ》な〝あれ〟かなあ。

ああ、そういえば、伊賀《いが》の忍者《にんじゃ》を扱《あつか》った映画(「忍《しの》びの国」〔二〇一七年七月公開予定、東宝〕）が来るそうですけど、ああいう忍者とか何かだったら、私の過去世《かこぜ》にふさわしいんじゃないですかね。どうでしょうかね。ああいうのをやってると、確かに、こういうふうになるかもしれませんね。

三觜　過去世での職業としては、武士というか、刀を持っていらっしゃったんでしょうか。

神木隆之介守護霊　まあ、剣術使いだとしたら、そういう「妖剣」というか、「あやかしの剣」を使う者でないとおかしいだろうし、それ以外であるとしたら、忍者みたいなのだったら似合ってるなあと、自分では思いますけどねえ。

「刀一本で出てこれるような時代が好き」

宇田　霊界《れいかい》で、お友達の方などはいらっしゃいますか。

神木隆之介守護霊　誰《だれ》もいません（会場笑）。

宇田　（苦笑）誰も、ですか。

神木隆之介守護霊　誰もいないですよ、友達なんて。

宇田　うーん……（苦笑）。

神木隆之介守護霊　絶句した？　ちょっと言い方が悪かったかなあ。

宇田　（苦笑）いえ、いえ。

神木隆之介守護霊　いやあ、すみません。言い方が悪かったかなあ。

宇田　では、どの時代がお好きですか。

神木隆之介守護霊　好きな時代？

宇田　はい。

神木隆之介守護霊　うーん。うーん……。（約五秒間の沈黙《ちんもく》）あんまり身分のある世界じゃないような時代のほうが、どっちかといったら好きかなあ。混沌《こんとん》としてて、何か、刀一本とか、弓一つとか、槍《やり》一つみたいなので出てこれるような時代のほうが、どっちかといったら好きかなあ。固まってる時代は、そんなに好きでないかなあ。

宇田　なるほど。

三觜　例えば、戦国時代などで名を馳《は》せた武士とか……。

神木隆之介守護霊　だから、そんなにねえ、人を大勢使うような役は、まだ回ってこないのよ。意識的にも来ないので。まあ、子役ばっかりだから。

「次」ねえ……。うーん、できるかなあ。まあ、年齢相応になったら、多少、やれるのかなあ。まあ、命があればね。

でも、なんかねえ、マネジメント系は、どうも、そんなに強くないんですよ。だけど、いずれ、役でやらなきゃいけないんだろうなあとは思っているので。

例えば、もし、ライブドアのホリエモン（堀江貴文《ほりえたかふみ》）氏の役とか、金融《きんゆう》で金を儲《もう》ける役みたいなのが回ってきたら、「実社会の感じが分かるかなあ？　どうかなあ？」っていうあれはありますよねえ。

アメリカだったら、「タイタニック」（一九九七年公開／パラマウント映画、20世紀フォックス）に出たディカプリオさんなんかが、そういうねえ、ウォール街で一攫千金《いっかくせんきん》を狙《ねら》う役とかをやっておられたと思いますけども（「ウルフ・オブ・ウォールストリート」〔二〇一三年公開／パラマウント映画〕）。ああいう役ができるだろうかなあ。狂気《きょうき》を含《ふく》んだ役っていうのは、できないことはないんだけど、お金にそれほど執着《しゅうちゃく》がないので、金の亡者《もうじゃ》みたいな役ができるかなあ、どうかなあっていうところですよねえ。

どっちかというと、私は、金の亡者になるより、〝ガリガリ亡者〟で、「肋骨《あばらぼね》が出て、お腹《なか》が空《す》いて……」っていうのが向いているほうであるので。

うーん。先は厳しいですね、どう考えても、これはねえ。

三觜　本当に孤高《ここう》の剣術師みたいな……。

神木隆之介守護霊　キングコングの役とか回ってこないかな。

三觜　（苦笑）

神木隆之介守護霊　それは無理かあ。それはないかあ。うーん。

三觜　どういった方《かた》に縁があると感じられますか。

神木隆之介守護霊　縁？　うーん、まったく誰にも縁がないような気がしてしょうがない。

三觜　ああ……。

神木隆之介守護霊　なんかねえ、私はねえ、〝宇宙の隕石《いんせき》か何かにへばりついて来た〟ような気はするんですよ。地球に届いたような気がする。〝隕石に一人だけへばりついて、入ってきた〟ような、そんな感じがするんです。縁がないような気がする、どなたにも。

栩坂　神木さんは、「芸術家なのかな」と感じたのですけれども。

神木隆之介守護霊　ああ、芸術家か。あなた、いい人だね。

栩坂　（笑）

神木隆之介守護霊　そういう見方もあるのか。芸術家ね。「芸術家気質」と言やあ、そうかなあ。そうかもしれない。

そういうふうに取るか。なるほど。まあ、そうかもしれない。「こだわり」ね。まあ、「こだわりがある」という意味では、そうかもしれませんねえ。

でも、私、年相応に、自分より若い人とか、後輩《こうはい》とかを指導できるかどうか、自信ないんですよねえ。だから、後輩のほうがいいんですよ。先輩になるより、後輩のほうがいいんで。先輩役ができるかどうか、自信がなくて、うーん……。できるかなあ……。

「かわいがられる」っていう役を長くやりすぎたために、それが染《し》み込《こ》みすぎて、〝人をかわいがる側〟ができるかどうか分からないですねえ（笑）。

まあ、義経は「孤独な人」だから演じられたかもしれないけども、秀吉《ひでよし》は演じられないですねえ。ちょっと無理だと思います。

あれは、「人間関係力」がものすごく高い人でしょうから。手下をものすごく増やしていくんでしょう？　ダーッと。一代で大企業《だいきぎょう》をつくるようなもんでしょうからねえ。あれはできないねえ。

「生駒山《いこまやま》あたりに籠《こ》もって、仙人修行《せんにんしゅぎょう》をしたかもしれない」

宇田　大川総裁が、この収録の前に、「神木君は、魔法使いか、仙人《せんにん》かもしれない」というようなことをおっしゃっていたのですが。

神木隆之介守護霊　うーん……。「魔法使い」か「仙人」……。〝際《きわ》どい球《たま》〟を投げていらっしゃる。そんな者は、いるのかなあ。どうなんですかねえ。

まあ、「仙人」と言われると、少しその匂《にお》いはないことはないが、あれを仙人と言うのかどうか……。確かに、そうね。洞窟《どうくつ》なんかで修行《しゅぎょう》したような気持ちは、ちょっとあることはあるので。もしかしたら、生駒山《いこまやま》あたりに籠《こ》もって、仙人修行でもやったかもしれませんねえ。確かに、そういうふうな感じは、ちょっとはあるので。

私だと、なんか、あれじゃないですか。仙人で「空を飛ぶ」みたいな感じでやっても、ある程度、合ってるのは合ってるんじゃないですかね。やりそう。「箒《ほうき》に乗って飛べるか」って言ったら、飛べるかもしれないという気がする。

三觜　（笑）

神木隆之介守護霊　軽いからね、体重が。飛べるかもしれないなあ。確かに、

生駒山《いこまやま》（奈良県生駒市、大阪府東大阪市）には、古くから仙人や神が住む山と言われており、役行者《えんのぎょうじゃ》による鬼退治伝説が有名。山腹《さんぷく》には真言律宗《しんごんりっしゅう》の宝山寺《ほうざんじ》をはじめとして、滝の修行場や祠《ほこら》など、さまざまな修行場がある。
（左）宝山寺の本堂と般若窟《はんにゃくつ》。役行者はこの般若窟に鬼を閉じ込めて改心させたと言われている。
また、奈良県橿原市《かしはらし》にある久米寺《くめでら》には、寺の開祖である久米仙人《くめのせんにん》が「飛行の術」を使ったという伝説も遺っている。

飛べるかもしれないな。

「魔法使い」っていうのは、日本的にはなじみが少し低いんだけど、「仙人」と言われると、ちょっとその感じはありますね。

それに、お酒もそんなに強くないから、たぶん、感じ的には、断酒《だんしゅ》みたいなのもしたことはあるんだろうと思うし、消化器系の病気になったのなんかを見れば、おそらく、昔に●断食行《だんじきぎょう》か何かをやったカルマが残ってるんじゃないかなあ、と。要するに、食べられない状態みたいなのをやったんではないかと思うので。

まあ、ありえるとしたら、そういう「仙人」か、「●回峰行者《かいほうぎょうじゃ》」みたいなの？こういうようなのをやった可能性はあるんじゃないかなあというふうに思いますけどね。

●**断食行**　修行の一つで、ある期間、食事を摂《と》ることを自発的に断《た》つこと。自分から五官《ごかん》（眼《げん》・耳《に》・鼻《び》・舌《ぜつ》・身《しん》）を切り離し、本来、霊的な存在であることを悟ろうとする。仏教のほか、キリスト教、ユダヤ教、イスラム教、道教、神仙道《しんせんどう》など世界の諸宗教に見られる。

8 「人生学」を教えてほしい

幸福の科学への関心を明かす神木隆之介の守護霊

宇田　エル・カンターレというご存在はご存じでしょうか。

神木隆之介守護霊　うーん……。（約五秒間の沈黙《ちんもく》）まあ、「妖怪《ようかい》大戦争」のなかには出てこなかったような気はしますけどねえ。

宇田　（苦笑）

●回峰行者　天台宗《てんだい》や修験道《しゅげんどう》で修行として行われる千日回峰《せんにちかいほう》を行う者のこと。通常、数年間にわたって行われ、1日に数十キロ、山中を歩き巡る。また、いかなる理由があっても中止することはできないとされる。

神木隆之介守護霊　たぶん、ゲゲゲの鬼太郎《きたろう》より偉《えら》い方だと思います。

宇田　なるほど（苦笑）。私が見た夢で恐縮《きょうしゅく》なのですが、大川隆法総裁と神木さんが念波《ねんぱ》でやり取りされていて……。

神木隆之介守護霊　ほおおー。

宇田　大川隆法総裁からの「幸福の科学の映画に出たいですか」という念波に対して、神木さんは、「はい、興味あります」とおっしゃっていたんです。

神木隆之介守護霊　ほおー。

宇田　これについて、守護霊様は、どのような意見をお持ちですか。

神木隆之介守護霊　うーん、〝際《きわ》どい〟ねえ。

宇田　（笑）

神木隆之介守護霊　（宇田を指して）あなたが私の夢を見たのは、大分《おおいた》ですか？

宇田　はい。

神木隆之介守護霊　なんか、清水富美加《しみずふみか》さんの出家《しゅっけ》報道がなされた日に、私の夢を見たとかいう……。

宇田　そうですね（笑）。

神木隆之介守護霊　なんか、「神木隆之介が出家する夢を見た」っていう恐《おそ》ろしい方だから、もう本当に。

宇田　（笑）いえ。

神木隆之介守護霊　もし、予言者みたいな人だったらどうしよう。私はこっち（幸福の科学）に来て、箒《ほうき》に乗って、空飛んでるのかなあ。

宇田　（笑）

神木隆之介守護霊　うーん……、まあ、霊的《れいてき》には、感じるものはあります。

宇田　ええ。

「人間学」と「社会の仕組み」を教えてくれる先生が欲《ほ》しい

神木隆之介守護霊　それと、事前の解説に、ちょっとあったような気がするんですけど、確かに「先生が欲《ほ》しい」っていう気持ちは、今、非常に強いです。だから、うーん……、「人生学」っていうか、「人間学」っていうか、人間の生き方をもうちょっと総合的に教えてもらいたいのと、「社会の枠組《わくぐ》み」っていうか、「仕組み」みたいなのを、もうちょっと教えてくれる先生がいないと、自分が〝もたない感じ〟がしてしかたがないんで。

そういう意味では、幸福の科学が出しているいろんな書籍《しょせき》は、もうバラエティーに富んでるので、ちょっと消化し切れないではいるんですけども。まあ、清水富美加さん？　いや、千眼美子《せんげんよしこ》さん（清水富美加の法名《ほうみょう》）？　どっち使ってるのかはよく知らないけど、「ちょっとうらやましいなあ」っていう気持ちはあって。教えてもらいたいですよね、何かねえ。

だから、若いうちに役どころをもらって、けっこう主役なんかやっても、あと、知識の供給がないと、もう役どころができない感じがしてきているので。今、二十代のどこかで充電《じゅうでん》をかけないと、三十以降の役者人生があるかどうかが、すごく心配で。

まあ、いろんなことを、本を読んで学校で勉強するように、もう一回やれるかっていったら、ちょっと、もうできない感じはするので、なんか、教えてくれる人が欲しい感じは持ってはいるんですよね。

例えば、佐藤健《さとうたける》君あたりに教えてもらっても、なんか、あんまり要領を得ないんです。いろいろと条件反射的には言ってくれるんだけど、「先輩《せんぱい》、これ、なんで、こっちのほうに振《ふ》るのはかっこいいんですか？」って言ったら、「まあ、そう思うから、そうなんだよ」とかいうような感じの会話なので。もうちょっと、何か教えてくれなきゃいけないけど。

監督《かんとく》さんあたりでも、何か、腫《は》れ物に触《さわ》るような感じで私のほうを扱《あつか》うし。だから、今は、多少、人気は出てるのかもしれないけども、どっちかといったら、私に合うような、私ができそうな役を選んでくれる感じのあれが多いので。

いや、まあ、そういう意味では、至れり尽《つ》くせりなのかもしれないけど、逆に言うと、自分の側から、「自分の未経験の領域みたいなのをやってみたい」みたいな感じが言えるかというと、ちょっと準備が十分でないところが多くて。だから、今まで演《や》ってるのは、みんな〝個人戦〟で演れるようなものが、けっこう多かったのでね。

もうちょっと、何て言うか、「実社会の仕組み」を理解した上でないとできないような役に挑戦《ちょうせん》するには、勉強が足りないので。まあ、そういう役はそう簡単に回ってこないでしょうけど。

どっちかといえば、このままで行くと、アウトロー系の役、一匹狼《ぴきおおかみ》的なのが向いてるから、そちらのほうが回ってくる気《け》が強いとは思うけど、先行き、そんなに、ずっといい役があるとは思えないので。もう、「三十過ぎたら、犯罪者(役)しかしていない」とかいうこともありえるかなあと思いますが。

まあ、「勉強を、もうちょっとしてみたいなあ」っていう気持ちと、でも、もうすでに何か、いろいろと有名になってしまったので、いろんなことについて、「ああ、こんなことも知らないの?」みたいなことを言われるのが恥《は》ずかしいから、そういうものを避《さ》けようとしてる自分と、両方、感じる。だから、人前に引き出されて、今日みたいに訊《き》かれるのも、実は非常に怖《こわ》い。本当は怖い。「出たいんだけど怖い。出てみたいけど怖い」っていう感じ。もし、同じ年代の方がおられて、その人の訊くことが、私に、全然、分からなかったりしたら、どうしようかっていう……。

どこが欠けてるかが、自分でも分からないところがあるし、それを埋《う》めなきゃいけないんで。マンガじゃない世界を埋めなきゃいけないのでね。

みんな真面目《まじめ》に勉強なされたんでしょうねえ、ずいぶんねえ。

「自分の人気が分不相応《ぶんふそうおう》で、怖《こわ》い感じがしている」

宇田　当会には、経典《きょうてん》だけではなくて、神木さんが好きなアニメ（映画）もございますので……。

神木隆之介守護霊　アニメ？　ああ、ああ。声優ね。声優なら、確かに、できるものもあるかもしれないですけどねえ。

うーん……、なんかねえ、勝手に人気を上げてくださってるので、実力不相応《ふそうおう》で怖《こわ》いですね。もっと大先輩の俳優たちが、脇役《わきやく》みたいな感じで、もり立ててくれるので。もしかしたら、分《ぶん》不相応なところまで来てる可能性があるのでね。

〝一回、仕切り直さないと危ない〟かもしれません。「神木、○○で捕《つか》まる」みたいな感じで、ちょっと一回、ドンと〝塀《へい》〟の内に落ちて、三年間謹慎《きんしん》した上で出てくるみたいに〝出直し〟して、その間に、何か勉強しておくとかしたほうがいいのかもしれないですねえ。ちょっと怖い。何か怖い感じがします。

何でもできるように思ってる人がいっぱいいるんですよ。でも、実際は、そんなに器用じゃないんです。どれも、〝神木隆之介を演じている〟ので、そんなに器用じゃないんだけど。

まあ、なんか、「自分がその気持ちになって、なり切って演る」みたいなのだけは小さいときからやってるから、得意なだけで。全部スルーして抜《ぬ》けていく感じ、自分自身のものにはならないで通過していく感じがする。だから、なかで止まってるもの、体のなかで止まってるものは少ない感じがしてしょうがない。この「裸《はだか》のまま」を見られたら、やっぱり、「ちょっと恥ずかしいな」という感じがしてしょうがないんですよねえ。

「天才が凡人《ぼんじん》になり、凡人が凡人以下のアウトローになる時代」が近づいてるような気がして。死ぬなら、早く引き上げてもらわないと。惜《お》しまれるうちに逝《い》きたいですねえ。

9 「子役」の人に言っておきたいこと

「下《した》っ端《ぱ》の役」から「脇役《わきやく》」「主役」へと上がるのがいい

三觜　私たちは、「ニュースター・プロダクション」という芸能プロダクションもやっていまして……。

神木隆之介守護霊　はあ、はあ。

三觜　ご存じでいらっしゃいますかね？

神木隆之介守護霊　はあ……。（三觜を指しながら）出られたらいいのに、俳優で。

三觜　いや……（笑）。まあ、そのなかには、最近、十歳《さい》ぐらいのタレントもいまして、「子役から成人俳優に」という道も少し考えているんですけれども。

そういった道を歩む上で、神木さんの実感として、「こうしておくべきだったな」とか、「こうしたことがよかったな」とかいうようなことがありましたら、何かアドバイスをお願いいたします。

神木隆之介守護霊　まあ、難しい世界ですから、可能性はなかなかね。だから、本当に、客観的なデータをコンピュータにインプットして、「この人は、役者の世界で成功する」みたいなのが出るかっていったら、出ないと思うんですよ。

だから、分からないので。あまり早く認められすぎることが、不幸になることもあるし。まあ、プロの棋士《きし》みたいに、強くなければ生き残れないから、しかたないんですけども、一定以上、演技を期待されると、役がなくなってくることもあるので。

オーソドックスには、私は、なるべく下《した》っ端《ぱ》の役から、脇役《わきやく》とかをやってから主役に上がっていくパターンのほうが、芸歴が長くなるし熟練してくるので、いいんじゃないかと思うんですよ。

あまり早く、主役とかをしすぎると、「落ちるに落ちられない」みたいな感じの、将棋《しょうぎ》で言えば、「A級から転落」みたいな感じになるので。「B級、C級に落ちたら、やれない」みたいな感じになるから、急ぐことはないんじゃないかと思うんです。

自分で、ある程度思わなきゃできないんだけど、あまり過分な願いは持たないほうがいいんじゃないかなと思うんですよ。やっぱり、周りが押《お》し出してくれるものなんで。周りから批判が出たり、「おまえには無理だ」とか、いろいろ言われるときに、「何くそ」と思ってやる面も、確かに必要は必要なんだけども。ただ、周りから「おまえじゃ、まだ無理だ」とか、「向いてない」とか言われたときには、ある程度、受け止めなきゃいけないところもあるのかなあ、と。あんまりそれをゴリ押しして、自己実現だけすればいいかっていうと、やっぱり、先は厳しくなるのかな、と。

だから、自分自身にも言えることだけども、十代ぐらいであんまり目立った人の場合、あとが、どんどん数が絞《しぼ》られて減っていくので。いいイメージがずっとついてって、だんだん、役柄《やくがら》が選べなくなってくると、仕事がなくなっていって、干《ほ》されていく感じになっていくので、このへんが難しいです。

今、私は、もう本当に、お辞儀《じぎ》一つで生き残ろうとしてるだけで。年取っても、お辞儀だけはちゃんとしておれば、役が回ってくるかなと思っているけど、いずれ、それでは、みなさん騙《だま》されてくれなくなるかなあと思ってるんで。「演《や》れないような役が回ってきたときに、できるかなあ」っていう気はありますねえ。

うーん……、だから、まあ、もっと苦労したほうがいいのかもしれませんねえ。実際は、注目される前に、一通り、いろんな役柄とか、訓練を受けたほうがいいのかなあっていう気はしますけどね。

だから、私なんかも、正統に小中高と、女の子なんかと「ラブラブ」をいっぱいしておいたなら、これからの芸にも生きるときがあるんだけど、あまりそういう暇《ひま》もなかったし。ちょっと、チェックもされてたから。周りからチェックされるから、気をつけてた面もあって。

うーん……、経験量が足りなくて、「そんな役が回ってきたら、どうしようかなあ」っていう感じはちょっとありますねえ。「ずいぶん淡白《たんぱく》で、何かあっさりしすぎて、全然、演技として面白《おもしろ》くない」とか言われたらね。

だから、次に来るのは必ず「恋愛《れんあい》もの」あたりで、試練は来ると思うんですよ、年齢《ねんれい》的に見て。次は恋愛・結婚《けっこん》のレベルのが来るはずだけど、できないで、この壁《かべ》を破れないかも。「子役」から出られない可能性は十分あるので。

まあ、急ぐ気持ちは分かるし、競争はすごく激しいから、百万人が目指して生き残れるのは何人か分からないし。「芸能界っていわれるところに所属してるのは三万人ぐらい」とも言われてはいるけど、本当に、アルバイトなしで食べられている人は何人いるかっていうと、かなり数は少なくなるだろうとは思うので。同じ人が何回もいろんなところで出てくるでしょ、みんなね。よく見た顔ばっかり出てくるので。だいたい、そうなってるから。

だから、実際、〝食べていける人〟の数のほうは、将棋界も一緒《いっしょ》ですけど、少ないだろうとは思うし。起用するほうから見れば、やっぱり、映画なんかも、失敗すれば大赤字が出て、社運がかかってますから、「できるだけ、当たった人を使いたい」という気持ちはありますよね。やっぱり、当たった人を使って、その人と共演してたような人を出しておけば、みんな既視《きし》感というか、デジャヴがあるから、「何となく見たような感じで、また客が来てくれる」みたいな、こういうのを狙《ねら》ってるのが多いですよね。

それから、映画をつくる人も、みんな非常に慎重《しんちょう》になってるから、マンガで当たったものとか、小説でベストセラーになったようなものを土台にしてつくってくる。みんな、〝外《はず》す〟のをすごく怖《こわ》がっていますよね。

だから、おたく様（幸福の科学）みたいに、流行《はや》ってるかどうかもまったく気にもしないで、オリジナルにどんどんつくってくるところっていうのは、「勇気」もあるし、「なんか勝負強いだろうなあ」とは思いますけど。

「一歩外《はず》したら転落して崖《がけ》の下ですよ」

神木隆之介守護霊　うーん……、何を訊《き》かれたんでしたっけね？　子役の方のあれでしたか？

まあ、最初は嫌《いや》がらずに、いろいろやったほうがいいと思うし、「『たとえ主役とかを子役で取ったりしても、それで、あんまり天狗《てんぐ》になりすぎたら、次に役がなくなる』っていうことは知っておいたほうがいいよ」っていうことは言っておきたいですね。

いつでも、脇役でもちょい役でもやって、また、どこかで復活するぐらいの気持ちでいればやれるけど、プライドができすぎたら、この世界はだんだん仕事がなくなることになりますよ、という。強いので名人まで上がっていく世界もあるけど、まあ、そういう役ばかりはないので。

それから、自分用に合わせた役でオファーが来るっていうのは、本当に恵《めぐ》まれた状況《じょうきょう》ですけど、そうばっかりは来ないので。嫌な役に耐《た》えて、うれしそうにやらなきゃいけない面もあるかもね、っていうところはある。

だから、あんまりいい役をやりすぎてると、やっぱり、あとがきついんですよ。(佐藤《さとう》)健《たける》君みたいなのでも、「るろうに剣心《けんしん》」でフィーバーしたあとねえ、刀を包丁《ほうちょう》に変えて、料理人をやったり、ペンに変えてマンガを描《か》いたりとか、だんだん話が小さくなっていくと、やっぱり、少し寂《さみ》しい感じはあるよね。剣をあれだけ振《ふ》って二百人を相手に大立ち回りをやってたかと思ったら、ペンでマンガを描いてるみたいなだけになると、少し感じが小さくなるでしょう? そういう自分の萎縮《いしゅく》感を感じるわけですよねえ。

だから、私みたいなのもよくないのかとは思うけど、一期一会《いちごいちえ》で、その役は一回きりで、やったら、いちおう〝水洗トイレ〟に流してしまって、また白紙になる気持ちで……。〝気持ちだけ〟だけどね、それは持っていないと、次の役がなくなるかもしれないんですよ、っていうことですよね。

それを、子役の方には言っておいてください。

たとえ、いい役とか当たっても、「あんたにとっては、これはすごくいい役だけど、いつも、これが来るわけじゃないから」って。その逆の役、例えば、いじめられる役とか、いじめっ子の役とかあるじゃないですか。これが引っ繰《く》り返ることだって、あるかもしれないけども、それでもやれるぐらいでなきゃいけない。「はい、はい。今日はあんたがいじめる役だけど、次は、いじめられる役に変えるからね」みたいな感じでチェンジされても、平気でやっていけるぐらいのタフネスさは持っていないと生き残れないかなあ。

だから、私みたいに、「小さいうちから主役をもらえて」みたいなのは恵まれすぎているけど、けっこう崖《がけ》の上の縁《ふち》を歩いてるようなもので。「みんな、拍手《はくしゅ》喝采《かっさい》はしてくれるけど、一歩外《はず》したら転落して崖の下ですよ」っていうのを知ってなきゃいけないよ、ということですかねえ。

三觜　ありがとうございます。勉強させていただきます。

神木隆之介守護霊　いやいや、いやいや。そんな偉《えら》い者じゃないので。

10 今後の運命はどうなる？

神木隆之介は、これからどんな俳優になっていくのか？

三觜　では、また神木さんご自身にフォーカスを当てさせていただきますが、守護霊様から見て、今後、あるいは今世《こんぜ》、神木隆之介という俳優は、使命というか、どういったものを持って、やっていかれるのでしょうか。

神木隆之介守護霊　これからが難しいですね。本当に、これからが難しいです。できるだけ「いい子」を演じてきたので、人間としても、これからが自立期・独立期に入って、わがままが出てきて、人間関係を新たに結ばなきゃいけない時期が来たときに、「いやあ、難しいかなあ」という。何か、もうちょっと「宗教的な許しの原理」っていうか、そういうものを持ってないと生き残れないかもなあっていう気はしますね。

だから、俳優として生き残ってくるというか、勝ち上がってきてるのには、実際は、将棋《しょうぎ》のプロ棋士《きし》みたいに数多くの相手を倒《たお》して上がってきている面はあるんだと思うんですよ。私がその役柄《やくがら》を取るために、それを目指していた人たちが落とされてはきていると思うんです。オーディションなんかも、だいたい、そんなところがあるでしょう? オーディションに受かる人もいれば、落ちる人もいる。落としてきている人がいっぱいいるでしょう。もう怨念《おんねん》がいっぱい、怨霊《おんりょう》がいっぱい来る世界ですので。

まあ、さっきも、ちょっと、大川総裁の厳しいお言葉があって、何か、「B級映画だなあ」みたいなことを二回ぐらい言われたような……。ああ? うん?

何か、ちょっとよく聞こえなかったような気がしてるけど、B、B、B級？　うん？

今は、将棋はあれですけど、A級に入るのはなかなか大変だから、B級でもいいんですけど。まあ、B級ですけど。

ともかく、失敗したときにダメージが出ますからねえ。そのへんが難しいし。これから、私も、いろいろとスキャンダルネタみたいなのが出るのかどうかは知らないけど、〝免疫《めんえき》〟が大してないっていうか、〝防衛力〟があんまりないので、何で（足を）すくわれるかは分からない。

ただ、ビール一本で正体なく酔《よ》い潰《つぶ》れるぐらいだから、ちょっと無理かなあとは思っているんですが。女性のほうが、だいたい強いですよね。私より酒は強いから、お酒を飲んで女性を口説《くど》くなんて無理で、たぶん、介抱《かいほう》されて終わりになるから、ちょっと無理だろうとは思うけど。

まあ、同性愛とかの嫌疑《けんぎ》をかけられたりして、怪《あや》しげな追及《ついきゅう》をされたりすると、ちょっと危険があるかなと思ったりもしてるんですが。

うーん……。どんな俳優になりたいかねえ。まあ、今は、みんな、子役からの延長で見てはいるんで。これから、大人になると、だいたい普通《ふつう》になるんですよね。

IQ（知能指数）なんかも高いっていうのは、子供だから高く出るんで。二十歳《さい》の人を満点にして、十歳で二十歳の知能なら、「IQ二百」みたいな感じで見るんだけど、二十歳からあとは測れないんですよね、実際はねえ。それはもう、その人の職業や勉強や人生経験、全部がかかわってくるので、実際は誰《だれ》が賢《かしこ》いかなんか分からない。棺桶《かんおけ》の蓋《ふた》が閉《と》じないかぎり、実は何にも分からないものなんですよねえ。

だから、「神木はこういう男なんだ」っていうレッテルが貼《は》れるかどうか。まあ、今、二十三ぐらいまでだったら、だいたい貼れるけど、これに「変化形」が出てきたときに、どこまで演じられるか。伊勢谷《いせや》（友介《ゆうすけ》）さんみたいにねえ、「ボクシング」をやったり、「斬《き》られ役」をやったり、なかなかうまくはやれないかもしれないし。

うーん……、やっぱり、一人格闘術《かくとうじゅつ》みたいなのが好きかな……、選ばれやすいかなあ。まあ、文豪《ぶんごう》みたいなのとか、できるかなあ。ちょっとだけ、まあ、マンガ家の延長ではできるか。でも、やっぱり、「組織のなかでの動き」みたいなのを何か早いうちに習得しないと、ちょっと、いろんなものに太刀打《たちう》ちできない可能性はあるので。

組織のなかでの仕事みたいなのは、そんなに、〝いい教科書〟がないんですよねえ。経営者ものも難しいし、読んでもなかなか分からないし。ましてや、中間管理職から……、何て言うかな、入社数年目までぐらいのあたりのは、極《きわ》めて分かりにくいですね。だから、インターンに行かなきゃいけない。本当はね、インターンに行って勉強しなきゃいけないんで。
うーん……。分かりません。プロデュースする人のあれによって、どうにでもなります。

守護霊が警告、「このままではおまえは……」

宇田　では、そろそろ、終了《しゅうりょう》のお時間が近づいてきましたので……。
神木隆之介守護霊　ああ、おお。
宇田　初めに、「番宣に来た」とおっしゃっていましたが、最後に、神木さんのファンの方々へのメッセージをお願いします。

神木隆之介守護霊　今、「3月のライオン」で、「中学生でプロ棋士になって、十七歳の高校生の五段役で、名人に向かって頑張《がんば》っていこう」とする役をやっていて、「前編」が（映画館に）かかっているところですが、（これから）「後編」がかかりますから（収録当時）。「前編・後編」に分ける場合はリスクが非常に大きくて、失敗することもあるので。なるべく多く、「前編」を観《み》ていただいて、「前編」を観た方は必ず「後編」も観ていただいて、全部観てから判定をしてくださることを祈《いの》りたいと思います。

まあ、今まで恵《めぐ》まれすぎてきた私ですので。俳優業がいちばん向いてはいるんだろうと思うので、できたら、自分に合った年齢《ねんれい》相応の役柄が来て、世の中のお役に立てるといちばんいいなとは思っていますが。

もし、私の演技とかに下手《へた》な部分があったら、容赦《ようしゃ》なく叱《しか》っていただいて、注意していただいて、おたく様の雑誌で批判していただいても構いませんので。勉強させていただきたいとは思っています。

それから、この前、上野樹里《うえのじゅり》さん（守護霊）が（霊言《れいげん》に）来られたのかな？

宇田　はい。来られました。

神木隆之介守護霊　それで、「神木君とかは、やったって無駄《むだ》ですよ」みたいなことを何か言われたような。ねえ？　「若いし、（事務所の）ガードが堅《かた》いから、あれですよ」とか言ったけど（『上野樹里　守護霊インタビュー「宝の山の幸福の科学」』〔幸福の科学出版刊〕参照）。

私としては、本当に、どこかで充電《じゅうでん》したいなという気持ちが、ちょっとあることはあるので。うーん……、私もどこかで、〝さらって〟ほしいぐらい（会場笑）、何か本当に。いや、こんなことを言っちゃいけない（笑）。誰かに失礼に当たるといけないから。

ただ、どこかで〝さらって〟いただいて、何か三、四年ぐらい姿をくらまして、その間に、ちょっと、やるべき勉強をちゃんとして、もう一回デビューしたときには、全然、違《ちが》う役も演じられるような人間になっていたいなあっていう気持ちはあるけど。

毎年、たくさん、主役級のをやってると、なんか、だんだん使い古されて、〝消しゴムがちびちゃった〟みたいになっていく恐《おそ》れ、そういう感じは、今、ちょっと、すごく持ってるので。何か注入してください。何でもいいから、「おまえの芸が足りない」っていうので構いませんから言って、はっきり、「こういうところをもっと勉強しろ！」っていう球《たま》を投げてくれたほうがむしろよくて。

いやあ、私なんか、ほめ上げる必要はなくて、「孤独死《こどくし》しそうな俳優・神木隆之介の守護霊霊言」とかいうので、「守護霊が警告」とかいってねえ、「このままではおまえは孤独死だ」とか（笑）、「三十（歳）になったら一円も入らなくなるぞ」とか（笑）、まあ、このくらいは脅《おど》してくださったほうが、むしろ、やる気が出て、いいかもしれない。

「そうかもしれない」と思う気持ちはあるので、むしろ、ほめないで結構ですから、もっとバシバシに悪いところを攻《せ》めていただいて。そして、頭の下げ方が足りないところは、ちゃんと怒《おこ》っていただいて。「周りに引き立てられているのに、分かってない」と思うところがあったら、ちゃんと言ってくださっていいし。

今、五段の棋士の役をやってるけど、「おまえは五段に見えねえぞ、どう見ても。どうも、手つきから見て下手そうだ。どう見てもアマだな」って言われるなら、ちゃんと、そう言ってくださって。もうちょっと、こういうものも、勉強になるから批判していただいて構いませんので。

救世主役を演じるには、もう少し「教養」と「精神性」が必要？

神木隆之介守護霊　ニュースター・プロダクションなんかは、もっと厳しい、辛《から》口《くち》のプロダクションになられてもいいんじゃないかなあと私は思うんです。

最初に、「救世主の役だけはできないだろう」とか言って、なんか、ちょっと〝脅し〟をかけられたんですが、ちょっと気にはなりますね。そんなことを言われて。できないですかねえ。うーん……。

ああ、そうか。あの人みたいに、救世主の役じゃなくて、〝世の中を狂《くる》わせる役の救世主〟みたいなのやる人が、いることはいますねえ。「るろ剣《けん》（るろうに剣《けん》心《しん》）」の京都の敵役（志《し》々《し》雄《お》真実《まこと》）になった方（藤原竜也《ふじわらたつや》）ね。あの方は得意だから、そういうのでよく出てますねえ。でも、あれ、気をつけないと発狂《はっきょう》するんですよね、あんまり、あの役をするとねえ。

だから、できるかなあ。でも、淡白《たんぱく》だから、そこまでは行けないかな。私は、やっぱり、〝駒《こま》〟として使われるぐらいまでしか行かないかなあ。「教祖の役」とかできるかなあ。

うーん……。ちょっと中身がにじみ出してこない。もうちょっと、〝脂《あぶら》〟が、〝脂気《あぶらけ》〟が必要ですよねえ。何か、オリーブオイルみたいなのを、もうちょっと摂《と》らないと駄目かもしらん。

三觜・宇田　（笑）

神木隆之介守護霊　このままだと〝枯《か》れてる〟ので、ちょっと駄目かなあ。でも、仙人《せんにん》みたいのだったら、できるかもしれないねえ。たぶん、できるかも。だから、もしかしたら、「若き日の仏陀《ぶっだ》」でガリガリに痩《や》せているところだけ……。

宇田 （笑）

神木隆之介守護霊 「体重を、あと十キロ減らしてくれるか」と言われたら、何か、墨《すみ》で骨を描《か》いたりして、やれるかもしれませんけども。

とりあえず、「教養」と「精神性」をもうちょっとつけるように頑張ります！

宇田 今後ますますのご活躍《かつやく》をお祈りいたします。

神木隆之介守護霊 はい。みなさまの今後のご発展をお祈り申し上げておきます。

頑張ってください。

宇田　ありがとうございました。

神木隆之介守護霊　ありがとうございました。

11 「今後の人生設計の必要性」が見えた守護霊インタビュー

大川隆法　（手を二回叩《たた》く）というような方でした。印象はどうですか。

三觜　演技のなかで、何か、「世の中に対する責任」のようなものをお見せしていくと、よりステップアップされるのではないかなと思います。「努力を積み重ねる」というような姿勢は、今の段階でもすごく表現できていると思うので、あとは、責任感だったりとか、そういった、大いなるものを背負うみたいな……。

大川隆法　私のなかに入れて霊言《れいげん》を聞いている感じでは、おそらく、この人は、

「人生設計が二十歳《さい》ぐらいまでしかなかったのではないか」と思います。

ところが、医学が発達したからか分かりませんが、奇跡《きせき》的に治って長生きできるようになってしまったので、「人生設計」を継《つ》ぎ足していかなければいけなくなってきたのではないでしょうか。

そのような感じがするので、本人も、「あと、どうしようかなあ」と思っているような気がしてしかたがありません。

確かに、天才子役は厳しいのです。「ホーム・アローン」(一九九〇年公開アメリカ映画/20世紀フォックス)という映画に出ていた子供も、小さくして世界的にものすごく有名になり、大金《たいきん》を稼《かせ》いだけれども、二十代で麻薬《まやく》か何かで捕《つか》まって、服役《ふくえき》するなど、あとが全然よくありません。そういうタイプが多いわけです。小さいうちにあまり注目を受けすぎると、あとがよくないことがけっこうあります。

そのあたりは十分によく知っていらっしゃるから、かわしていかれるとは思うけれども、もし二十歳ぐらいまでしか人生設計を考えていなかったのであれば、今後、二十年おきぐらいに、「四十歳まではこうする。次は、六十歳まではこうする」というような感じの人生設計を立てなくてはいけないでしょうね。今、それが課題なのかもしれません。

そのためには、もう少し〝別次元の勉強〟をしなければいけないだろうという気はします。「台本だけを読んで、覚えて勉強してはいたが、これでは自分がほかの人と違《ちが》いすぎて、中途半端《ちゅうとはんぱ》だ」という感じを受けていることが、すごく伝わってくるのです。

確かに、面白《おもしろ》い人材ではあると思うので、外《はず》れていかずに上手に大成していくとよいなと思います。もし、私たちに何かできることがあるならば、お手伝いしたいですね。

ちなみに、上野樹里《うえのじゅり》さんの守護霊は、神木さん等は難しそうなことを言っていましたが、まあ、そうおっしゃらずに、「どんなものでも挑戦《ちょうせん》したい」というのであれば、当会の映画で出られるものもあるかもしれないでしょう。

私が観《み》た感じでは、「桐島《きりしま》、部活やめるってよ」や「太陽」など、このあたりの映画に出るぐらいだったら、当会の映画に出たほうが、たぶん、よほど上だとは思います。もちろん、大作としてはもっと大きいものもあるので、言えませんけれども。

なお、「妖怪大戦争《ようかいだいせんそう》」は、当会ではやりません。さすがに、妖怪で止まるわけにはいかないのでできませんが、妖怪ではないほうなら、できるかもしれませんね。

ご縁《えん》がありましたら、また何らかの接点をつくれたらいいなと思っています。

ありがとうございました。

質問者一同　ありがとうございました。

あとがき

「守護霊インタビュー」がなんと、「天才子役に未来はあるか」という厳しいテーマになってしまった。

それほど神木隆之介さんが、自分の仕事、才能、今後について、真剣かつ真面目《まじめ》に考えておられるということだろう。

彼が天才俳優であるということに関しては、衆目《しゅうもく》は一致している。ただ、これほどまで「考え続ける人」であり、「孤独《こどく》」であることに気づいている人は、そう多くはないかもしれない。私個人の印象も、「芸能界の芥川龍之介《あくたがわりゅうのすけ》」のような感じだ。

この天才感覚を、大人になった今、どう発揮し、展開していくか。本当の勝負はこれからかもしれない。

二〇一七年　四月十四日

幸福《こうふく》の科学《かがく》グループ創始者兼総裁《そうししゃけんそうさい》

ニュースター・プロダクション（株）会長《かいちょう》　大川隆法《おおかわりゅうほう》

大川隆法著作関連書籍

『孤独な天才俳優か!? 神木隆之介の守護霊インタビュー』（幸福の科学出版刊）

『映画監督の成功術　大友啓史監督のクリエイティブの秘密に迫る』（同右）

『広瀬すずの守護霊☆霊言』（同右）

『上野樹里 守護霊インタビュー「宝の山の幸福の科学」』（同右）

『映画「君の名は。」メガヒットの秘密 新海誠監督のクリエイティブの源泉に迫る』（同右）

『人間力の鍛え方――俳優・岡田准一の守護霊インタビュー――』（同右）

『俳優・星野源 守護霊メッセージ「君は、35歳童貞男を演じられるか。」』（同右）

『女優・清水富美加の可能性』（同右）

『全部、言っちゃうね。』（千眼美子 著　同右）

孤独《こどく》な天才俳優《てんさいはいゆう》か!?
神木隆之介《かみきりゅうのすけ》の守護霊《しゅごれい》インタビュー

2017年4月22日　初版第1刷

著　者　大《おお》川《かわ》隆《りゅう》法《ほう》

発行所　幸福の科学出版株式会社

〒107-0052 東京都港区赤坂2丁目10番14号
TEL(03)5573-7700
http://www.irhpress.co.jp/

印刷・製本　株式会社 研文社

落丁・乱丁本はおとりかえいたします

ISBN978-4-86395-901-9 C0095
カバー photo：undefined/Shutterstock.com
本文 photo：peruri/PIXTA（ピクスタ）／skipinof/PIXTA（ピクスタ）
アフロ／スポーツニッポン新聞社／時事通信フォト

大川隆法霊言シリーズ・人気の秘密を探る

俳優・星野源 守護霊メッセージ「君は、35歳童貞男を演じられるか。」

ドラマ「逃げ恥」で人気急上昇！　非イケメンの意外なモテ術とは。俳優、ミュージシャン、文筆家とマルチに活躍する才能をスピリチュアル分析。

1,400 円

人間力の鍛え方

俳優・岡田准一の守護霊インタビュー

「永遠の 0」「軍師官兵衛」の撮影秘話や、演技の裏に隠された努力と忍耐、そして心の成長まで、実力派俳優・岡田准一の本音に迫る。

1,400 円

堺雅人の守護霊が語る 誰も知らない「人気絶頂男の秘密」

個性的な脇役から空前の大ヒットドラマの主役への躍進。いま話題の人気俳優・堺雅人の素顔に迫る 110 分間の守護霊インタビュー！

1,400 円

「イン・ザ・ヒーローの世界へ」―俳優・唐沢寿明の守護霊トーク―

実力派人気俳優・唐沢寿明は、売れない時代をどう乗り越え、成功をつかんだのか。下積みや裏方で頑張る人に勇気を与える〝唐沢流〟人生論。

1,400 円

※表示価格は本体価格（税別）です。

大川隆法霊言シリーズ・人気の秘密を探る

上野樹里
守護霊インタビュー
「宝の山の幸福の科学」

もっと天国的な映画を！ 女優・上野樹里が大切にしている「神秘力」や「愛の思い」、そして「新しいルネッサンス」の胎動について守護霊が語る。

1,400円

時間よ、止まれ。
女優・武井咲とその時代

国民的美少女から超人気女優に急成長する、武井咲を徹底分析。多くの人に愛される秘訣と女優としての可能性を探る。前世はあの世界的大女優！？

1,400円

守護霊インタビュー
ナタリー・ポートマン
& キーラ・ナイトレイ
―世界を魅了する「美」の秘密―

英語霊言
日本語訳付き

世界を魅了する二人のハリウッド女優が、もっとも大切にしている信念、そして使命感とは？ 彼女たちの「美しさ」と「輝き」の秘密に迫る。

1,400円

景気をよくする人気女優
綾瀬はるかの成功術

自然体で愛される――。綾瀬はるかの「天然」の奥にあるものを、スピリチュアル・インタビュー。芸能界には「宇宙のパワー」が流れている？

1,400円

大川隆法霊言シリーズ・プロフェッショナルに学ぶ演技論

南原宏治の「演技論」講義

天使も悪役も演じられなければ、本物になれない——。昭和を代表する名優・南原宏治氏が、「観る人の心を揺さぶる演技」の極意を伝授！

1,400 円

俳優・香川照之のプロの演技論 スピリチュアル・インタビュー

多彩な役を演じ分ける実力派俳優に「演技の本質」を訊く。「香川ワールド」と歌舞伎の意外な関係など、誰もが知りたい「プロの流儀」に迫る。

1,400 円

守護霊メッセージ 女優・芦川よしみ 演技する心

芸能界で40年以上活躍しつづけるベテラン女優の「プロフェッショナル演技論」。表現者としての「心の練り方」「技術の磨き方」を特別講義。

1,400 円

女神の条件 女優・小川知子の守護霊が語る成功の秘密

芸能界で輝き続ける女優のプロフェッショナル論。メンタル、フィジカル、そしてスピリチュアルな面から、感動を与える「一流の条件」が明らかに。

1,400 円

※表示価格は本体価格（税別）です。

芸能界の問題点に迫る

守護霊メッセージ
能年玲奈の告白
「独立」「改名」「レプロ」「清水富美加」

大川隆法 著

なぜ、朝ドラの国民的ヒロインは表舞台から姿を消したのか？ なぜ本名さえ使うことができないのか？ 能年玲奈の独立騒動の真相を守護霊が告白。

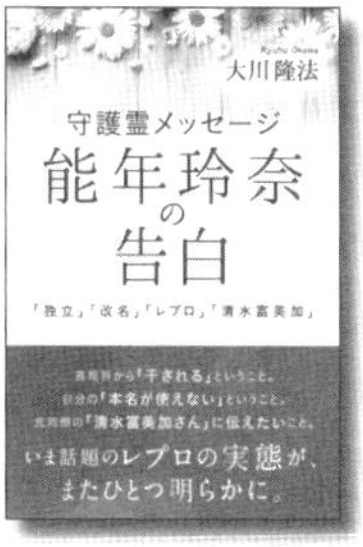

1,400円

女優・清水富美加の可能性
守護霊インタビュー

大川隆法 著

いま「共演したい女優No.1」と言われ、人気急上昇中の清水富美加――。その"愛されキャラ"の奥にある、知られざる素顔と魂の秘密に迫る。

1,400円

全部、言っちゃうね。
本名・清水富美加、今日、出家しまする。

千眼美子 著

芸能界のこと、宗教のこと、今までのこと、これからのこと――。今回の出家騒動について、本人にしか語れない本当の気持ちが明かされる。

1,200円

芸能界の「闇」に迫る
レプロ・本間憲社長
守護霊インタビュー
幸福の科学広報局 編

女優・清水富美加の元所属事務所・レプロの不都合な真実とは？「時代錯誤の労働環境」や「従属システム」の驚くべき実態が白日のもとに。

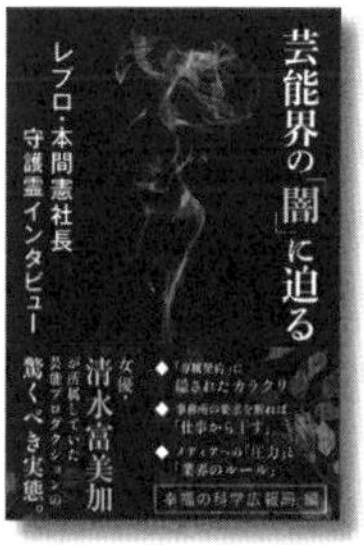

1,400円

大川隆法霊言シリーズ・映画監督のクリエイティブ論

映画監督の成功術
大友啓史監督の
クリエイティブの秘密に迫る

クリエイティブな人は「大胆」で「細心」？
映画「るろうに剣心」「プラチナデータ」など、
ヒット作を次々生み出す気鋭の監督がその
成功法則を語る。

1,400円

映画「君の名は。」メガヒットの秘密
新海誠監督の
クリエイティブの源泉に迫る

緻密な風景描写と純粋な心情表現が共感
を誘う「新海ワールド」──。その世界観、
美的感覚、そして監督自身の本心に迫る
守護霊インタビュー。

1,400円

青春への扉を開けよ
三木孝浩監督の青春魔術に迫る

映画「くちびるに歌を」「僕等がいた」など、
三木監督が青春映画で描く「永遠なるもの
の影」とは何か。世代を超えた感動の秘
密が明らかに。

1,400円

「宮崎駿アニメ映画」
創作の真相に迫る

宮崎アニメの魅力と大ヒット作を生み出
す秘密とは？ そして、創作や発想の原点
となる思想性とは？ アニメ界の巨匠の知
られざる本質に迫る。

1,400円

※表示価格は本体価格（税別）です。

最新刊

広瀬すずの守護霊☆霊言

大川隆法 著

守護霊から見た「広瀬すずの現在《いま》」、若くして成功する秘訣、そしてスピリチュアルな秘密まで、〝10代最強〟のアカデミー賞女優の素顔に迫る。

1,400円

女優・宮沢りえの守護霊メッセージ 神秘・美・演技の世界を語る

大川隆法 著

神秘的な美をたたえる女優・宮沢りえ――。その「オーラの秘密」から「仕事論」まで、一流であり続けるための人生訓がちりばめられた一冊。

1,400円

演技する「心」「技」「体」と監督の目 赤羽博監督 守護霊メッセージ

大川隆法 著

「教師びんびん物語」「ＧＴＯ」などのヒットメーカー・赤羽博監督の守護霊が語る、映画「君のまなざし」の制作秘話、演出論、監督論。

1,400円

仕事のできる女性を目指して

大川紫央 著

「報・連・相」の基本から、組織全体を左右する「判断力」まで――。上司から信頼され、部下から慕われる「できるオンナ」の仕事術が満載。

1,400円

幸福の科学出版

運命を変える、
もうひとつの世界。
君のまなざし
製作総指揮・原案／大川隆法
梅崎快人 水月ゆうこ 大川宏洋 手塚理美 黒沢年雄 黒田アーサー 日向丈 長谷川奈央 合香美希 春宮みずき
（特別出演）
監督／赤羽博 総合プロデューサー・脚本／大川宏洋 音楽／水澤有一 製作・企画／ニュースター・プロダクション 制作プロダクション／ジャンゴフィルム
配給／日活 配給協力／東京テアトル ©2017 NEW STAR PRODUCTION
5.20(土) ROADSHOW

Welcome to Happy Science!
幸福の科学グループ紹介

「一人ひとりを幸福にし、世界を明るく照らしたい」──。
その理想を目指し、幸福の科学グループは宗教を根本《こんぽん》にしながら、
幅広い分野で活動を続けています。

宗教活動

幸福の科学【happy-science.jp】

- 支部活動【map.happy-science.jp（支部・精舎へのアクセス）】
- 精舎（研修施設）での研修・祈願【shoja-irh.jp】
- 学生局【03-5457-1773】
- 青年局【03-3535-3310】
- 百歳まで生きる会（シニア層対象）
- シニア・プラン21（生涯現役人生の実現）【03-6384-0778】
- 幸福結婚相談所【happy-science.jp/activity/group/happy-wedding】
- 来世幸福園（霊園）【raise-nasu.kofuku-no-kagaku.or.jp】

来世幸福セレモニー株式会社【03-6311-7286】

株式会社 Earth Innovation【earthinnovation.jp】

30th
おかげさまで30周年
2016年、幸福の科学は
立宗30周年を迎えました。

社会貢献

ヘレンの会（障害者の活動支援）【helen-hs.net】
自殺防止活動【withyou-hs.net】
支援活動
- 一般財団法人
「いじめから子供を守ろうネットワーク」【03-5719-2170】
- 犯罪更生者支援

国際事業

Happy Science 海外法人
【happy-science.org（英語版）】【hans.happy-science.org（中国語簡体字版）】

教育事業

学校法人 幸福の科学学園

- 中学校・高等学校（那須本校）【happy-science.ac.jp】
- 関西中学校・高等学校（関西校）【kansai.happy-science.ac.jp】

宗教教育機関

- 仏法真理塾「サクセスNo.1」（信仰教育と学業修行）【03-5750-0747】
- エンゼルプランV（未就学児信仰教育）【03-5750-0757】
- ネバー・マインド（不登校児支援）【hs-nevermind.org】
  - ユー・アー・エンゼル！運動（障害児支援）【you-are-angel.org】

高等宗教研究機関

- ハッピー・サイエンス・ユニバーシティ（HSU）【happy-science.university】

政治活動

幸福実現党【hr-party.jp】

- <機関紙>「幸福実現NEWS」
- <出版> 書籍・DVDなどの発刊
- 若者向け政治サイト【truthyouth.jp】

HS 政経塾【hs-seikei.happy-science.jp】

出版 メディア 関連事業

幸福の科学の内部向け経典の発刊

幸福の科学の月刊小冊子【info.happy-science.jp/magazine】

幸福の科学出版株式会社【irhpress.co.jp】

- 書籍・CD・DVD・BD などの発刊
- <映画>「UFO 学園の秘密」【ufo-academy.com】ほか８作
- <オピニオン誌>「ザ・リバティ」【the-liberty.com】
- <女性誌>「アー・ユー・ハッピー？」【are-you-happy.com】
- <書店> ブックスフューチャー【booksfuture.com】
- <広告代理店> 株式会社メディア・フューチャー

メディア文化事業

- <ネット番組>「THE FACT」【youtube.com/user/theFACTtvChannel】
- <ラジオ>「天使のモーニングコール」【tenshi-call.com】

スター養成部（芸能人材の育成）【03-5793-1773】

ニュースター・プロダクション株式会社【newstar-pro.com】

- <映画>「君のまなざし」【kimimana-movie.jp】ほか１作

ハッピー・サイエンス・ユニバーシティ

Happy Science University

ハッピー・サイエンス・ユニバーシティ(HSU)は、大川隆法総裁が設立された「現代の松下村塾」であり、「日本発の本格私学」です。

学部のご案内

人間幸福学部

人間学を学び、新時代を切り拓くリーダーとなる

経営成功学部

企業や国家の繁栄を実現する、起業家精神あふれる人材となる

未来産業学部

新文明の源流を創造するチャレンジャーとなる

長生キャンパス
〒299-4325
千葉県長生郡長生村一松丙 4427-1
Tel.0475-32-7770

未来創造学部

時代を変え、未来を創る主役となる

政治家やジャーナリスト、俳優・タレント、映画監督・脚本家などのクリエーター人材を育てます。
4年制と短期特進課程があります。

・4年制
1年次は長生キャンパス、2年次以降は東京キャンパスです。

・短期特進課程(2年制)
1年次・2年次ともに東京キャンパスです。

HSU未来創造・東京キャンパス
〒136-0076 東京都江東区南砂2-6-5
Tel.03-3699-7707

ニュースター・プロダクション

NEW STAR PRODUCTION

ニュースター・プロダクション(株)は、新時代の“美しさ”を創造する芸能プロダクションです。2016年3月には、映画「天使に“アイム・ファイン”」を公開。2017年5月には、ニュースター・プロダクション企画の映画「君のまなざし」を公開します。

公式サイト **newstarpro.co.jp**

幸福の科学グループ事業

幸福実現党

党の機関紙「幸福実現NEWS」

内憂外患《ないゆうがいかん》の国難に立ち向かうべく、2009年5月に幸福実現党を立党しました。創立者である大川隆法党総裁の精神的指導のもと、宗教だけでは解決できない問題に取り組み、幸福を具体化するための力になっています。

幸福実現党 釈量子サイト
shaku-ryoko.net

Twitter
釈量子@shakuryokoで検索

若者向け政治サイト「TRUTH YOUTH」

若者目線で政治を考えるサイト。現役大学生を中心にしたライターが、雇用問題や消費税率の引き上げ、マイナンバー制度などの身近なテーマから、政治についてオピニオンを発信します。

truthyouth.jp

幸福実現党 党員募集中

あなたも幸福を実現する政治に参画しませんか

○ 幸福実現党の理念と綱領、政策に賛同する18歳以上の方なら、どなたでも党員になることができます。
○ 党員の期間は、党費（年額 一般党員5,000円、学生党員2,000円）を入金された日から1年間となります。

党員になると

党員限定の機関紙が送付されます（学生党員の方にはメールにてお送りします）。
申込書は、下記、幸福実現党公式サイトでダウンロードできます。

住所 **〒107-0052**
東京都港区赤坂2-10-8 6階
幸福実現党本部

TEL **03-6441-0754**
FAX **03-6441-0764**
公式サイト **hr-party.jp**

入会のご案内

あなたも、幸福の科学に集い、
ほんとうの幸福を見つけてみませんか？

幸福の科学では、大川隆法総裁が説く仏法真理をもとに、
「どうすれば幸福になれるのか、また、
他の人を幸福にできるのか」を学び、実践しています。

入会

大川隆法総裁の教えを信じ、学ぼうとする方なら、どなたでも入会できます。入会された方には、『入会版「正心法語」』が授与されます。（入会の奉納は1,000円目安です）

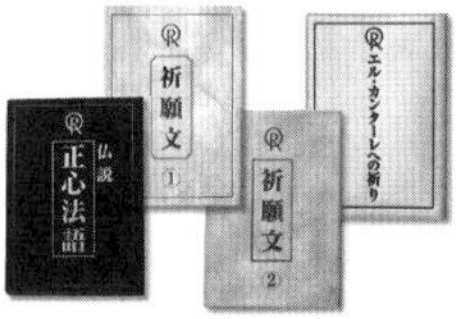

三《さん》帰《き》誓《せい》願《がん》

仏弟子としてさらに信仰を深めたい方は、仏・法・僧の三宝への帰依を誓う「三帰誓願式」を受けることができます。三帰誓願者には、『仏説・正心法語』『祈願文①』『祈願文②』『エル・カンターレへの祈り』が授与されます。

ネットからも入会できます

ネット入会すると、ネット上にマイページが開設され、
マイページを通して入会後の信仰生活をサポートします。

01 幸福の科学の入会案内ページにアクセス

happy-science.jp/joinus

02 申込画面で必要事項を入力

※初回のみ1,000円目安の植福（布施）が必要となります。

ネット入会すると……

●入会版『正心法語』が、ダウンロードできる。
●毎月の幸福の科学の活動トピックが動画で観れる。

INFORMATION

幸福の科学サービスセンター
TEL. 03-5793-1727（受付時間 火～金：10～20時／土・日・祝日：10～18時）
幸福の科学 公式サイト **happy-science.jp**